コロナ禍 妊娠日記

おおがきなこ

幻冬舎

CONTENTS

CHARACTER

【夫】
イヌとパンが好き。
きなこの妊娠中、
ほとんどの家事を
やってくれた。
下北沢で眼鏡店を
営む。

【きなこ】
東京に住むマンガ家。
コロナ禍で
思いもよらず妊娠して
戸惑う。食べづわりの
吐きづわり、無痛分娩。
里帰り出産はせず。

01 コロナ禍に妊娠・出産をするということ

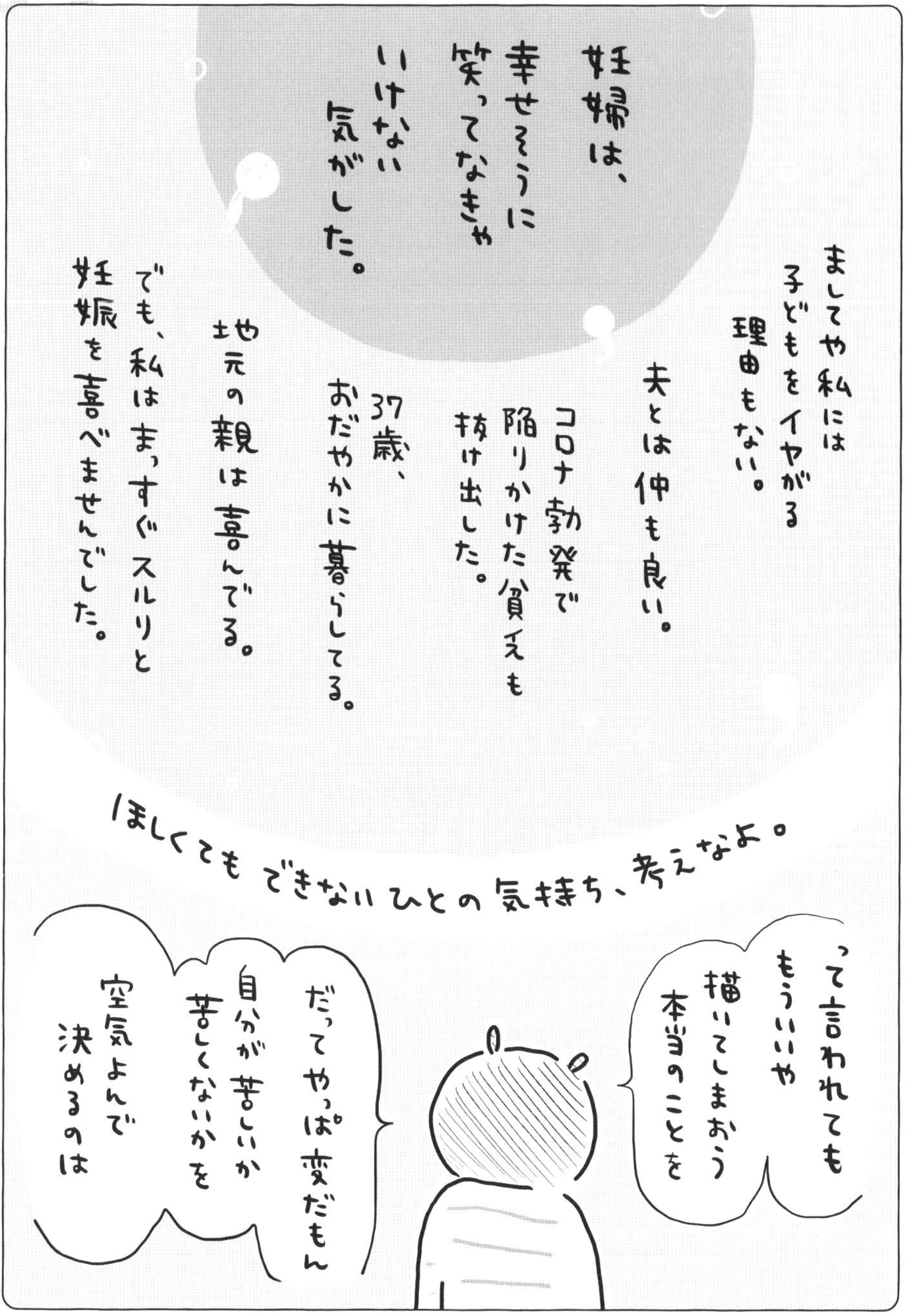
妊婦は、
幸せそうに
笑ってなきゃ
いけない
気がした。
ましてや私には
子どもをイヤがる
理由もない。
夫とは仲も良い。
コロナ勃発で
陥りかけた貧乏も
抜け出した。
37歳、
おだやかに暮らしてる。
地元の親は喜んでる。
でも、私はまっすぐスルリと
妊娠を喜べませんでした。
ほしくても できないひとの気持ち、考えなよ。
って言われても
もういいや
描いてしまおう
本当のことを
だってやっぱ変だもん
自分が苦しいか
苦しくないかを
空気よんで
決めるのは

だって、コロナが
始まってから
私らどんだけ
空気よんで
頑張って
笑っているの？
〝悲しそうに
してもしょうがない〟
〝怒っても
なんにもならない〟
〝自分より大変なひとも
いるんだから〟
〝感謝しなくちゃ〟
そんな日々を
もうずーっと
頑張っているよ、
妊婦とか関係なく
みーんな。
疲れちゃったから、
私は私の気持ちを
ここに残します。
これはコロナの
まっただなか
嬉しくなかった妊娠が
ゆっくりと嬉しくなるまでの
エッセイです。
言っちゃいけない ひとりごとなんてないさ

私が妊娠に気づいたのは、
2020年のクリスマス。
東京ではコロナが騒動になって1年ちかくがたった頃。
世の中はまだなーんにも解決してなくて
“年末年始はステイホームで”
“帰省はオンラインで”
“忘年会はひかえて”
と、都知事が呼びかけていたり
居酒屋さんがテレビで
次々に予約キャンセルになってます…
って下を向きながらインタビューに答えていたりと
なんというか
ちゃんと理性があるんなら
今はひとに会っちゃいけないよ
っていう空気でした。

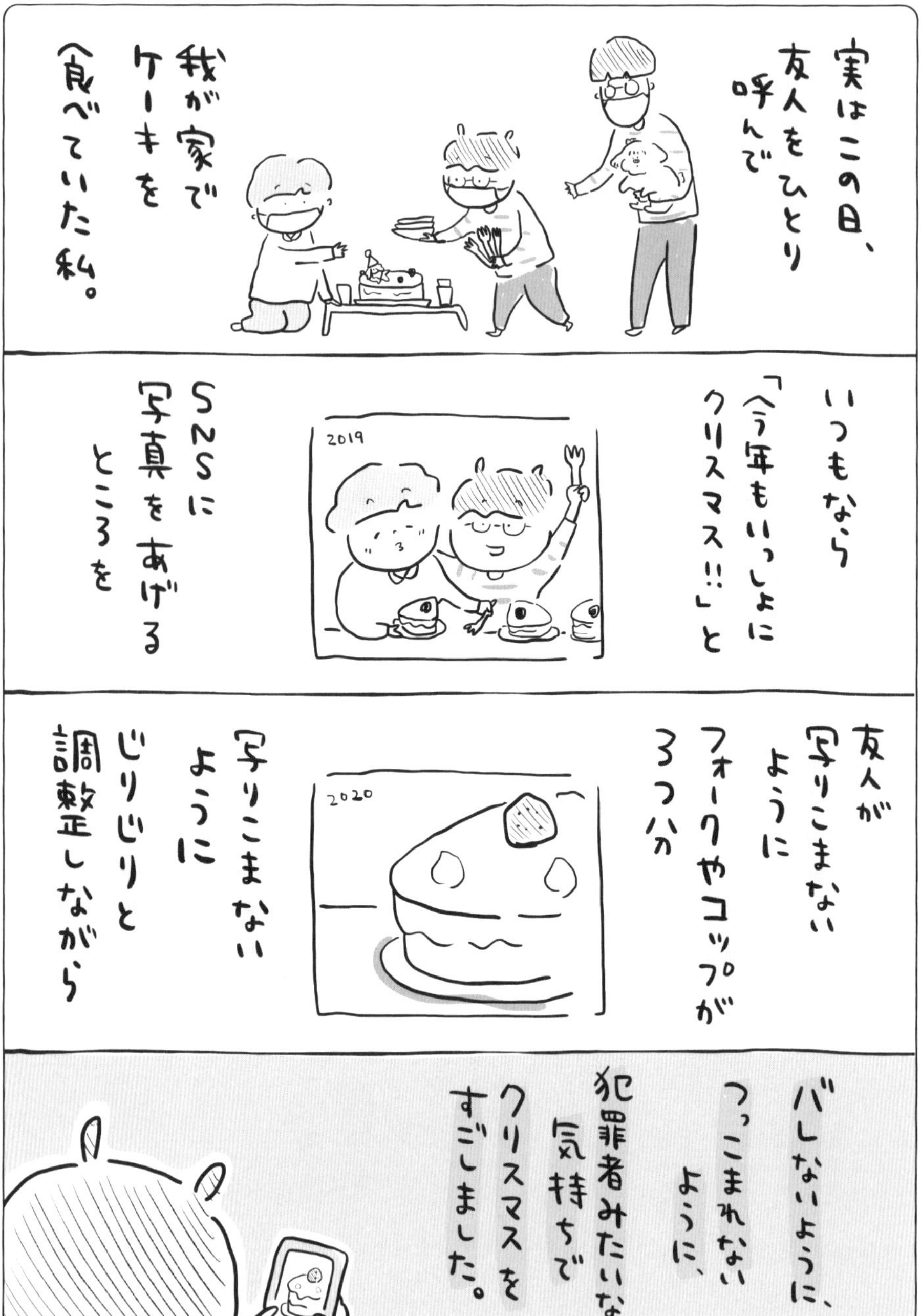

実はこの日、
友人をひとり呼んで
我が家でケーキを
食べていた私。
いつもなら
「今年もいっしょにクリスマス!!」と
SNSに
写真をあげる
ところを
2019
友人が
写りこまない
ように
フォークやコップが
3つ分か
写りこまない
ように
じりじりと
調整しながら
2020
バレないように、
つっこまれないように、
犯罪者みたいな
気持ちで
クリスマスを
すごしました。

検査薬をためしたのは、
友人が帰ったあとです。
TOILET
私の頭にぞわっとよぎったのは
今日
大丈夫だったかな
っていうドロリとした気持ち。
つまり
あのこがコロナだったら
私まずくない？
という、
今までの人生で味わったことのない
“ひとを汚いものみたいに思う”
ドロドロな気持ちでした。

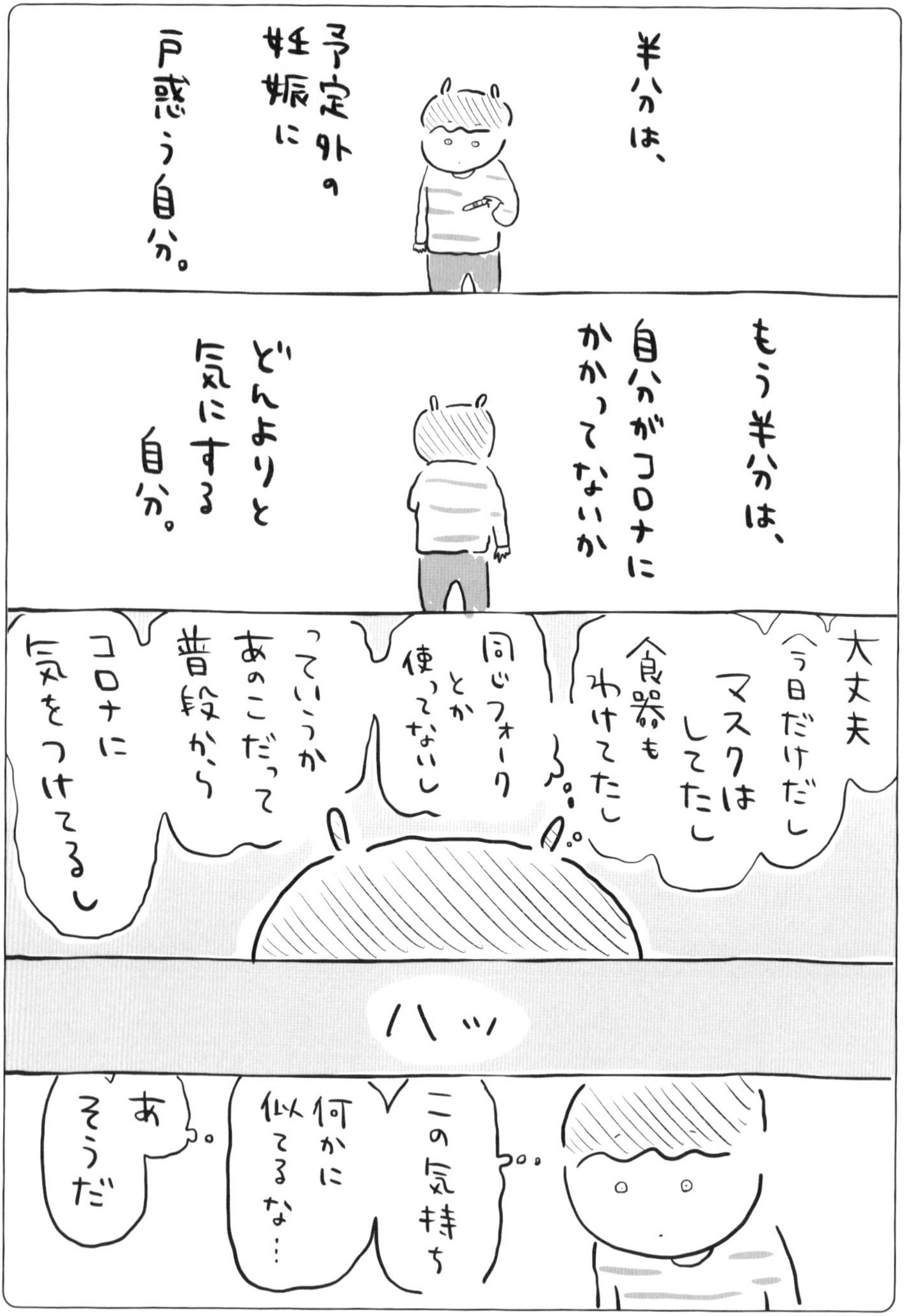

半分は、
予定外の妊娠に戸惑う自分。
もう半分は、
自分がコロナにかかってないか
どんよりと気にする自分。
大丈夫
今日だけだし
マスクはしてたし
食器もわけてたし
同じフォークとか使ってないし
っていうかあのこだって普段から
コロナに気をつけてるし
ハッ
この気持ち
何かに似てるな…
あ
そうだ

子どもの頃。
エイズってものを
ぜんぜん
わかってなかった時の
あの
おびえた気持ちに
似てるんだ
だれにでも
うつると
思いこんで
もしあの子が
そうだったら…
ってビリビリ
かまえてた。
学校の先生が
まちがって
いるよ
と言って
正しい知識を
教えてくれて、
あの時の
ドロッとした
気持ちは
消えた
けど

今また くり返してるんだ
同じ ことを
しかも 今のところ なにが正しくて なにが勘ちがいか ぜんぜん わからない。
〝感染しない・させない〟 っていう標語が あったけれど
〝させない〟って 部分は 頭から 消えてて
妊娠してるって わかった瞬間 から、
自分の ことしか 心配して なかった。

・・・・・
ふと
よそんちの子が
自分の子に
むじゃきに
タッチとか
すると
ゾッと
するんだよね…
汚い怖いって
そんなこと
思いたくないのに
早く
コロナなんて
なくなってほしい
って言ってた
ひとのことを
思い出す。
私が自分のことを
コロナ禍妊婦と
自覚したのは
もう少しあとだと
思っていたけど

今思えば
なにも解決しないで
1年たつうちに
なんだか
麻痺してただけ。
だって
コロナがなければ
妊娠した
戸惑いだけ
感じてたはずの
時間だった
わけで
それを半分、
うしろめたさと
友人を
疑う気持ちに
使ったわけで
今思えば、
そう、
今思えば、

私の妊婦生活は、
やっぱり
東京コロナ生活でも
あったんだなぁと
思います。

あなたのためを思って

02

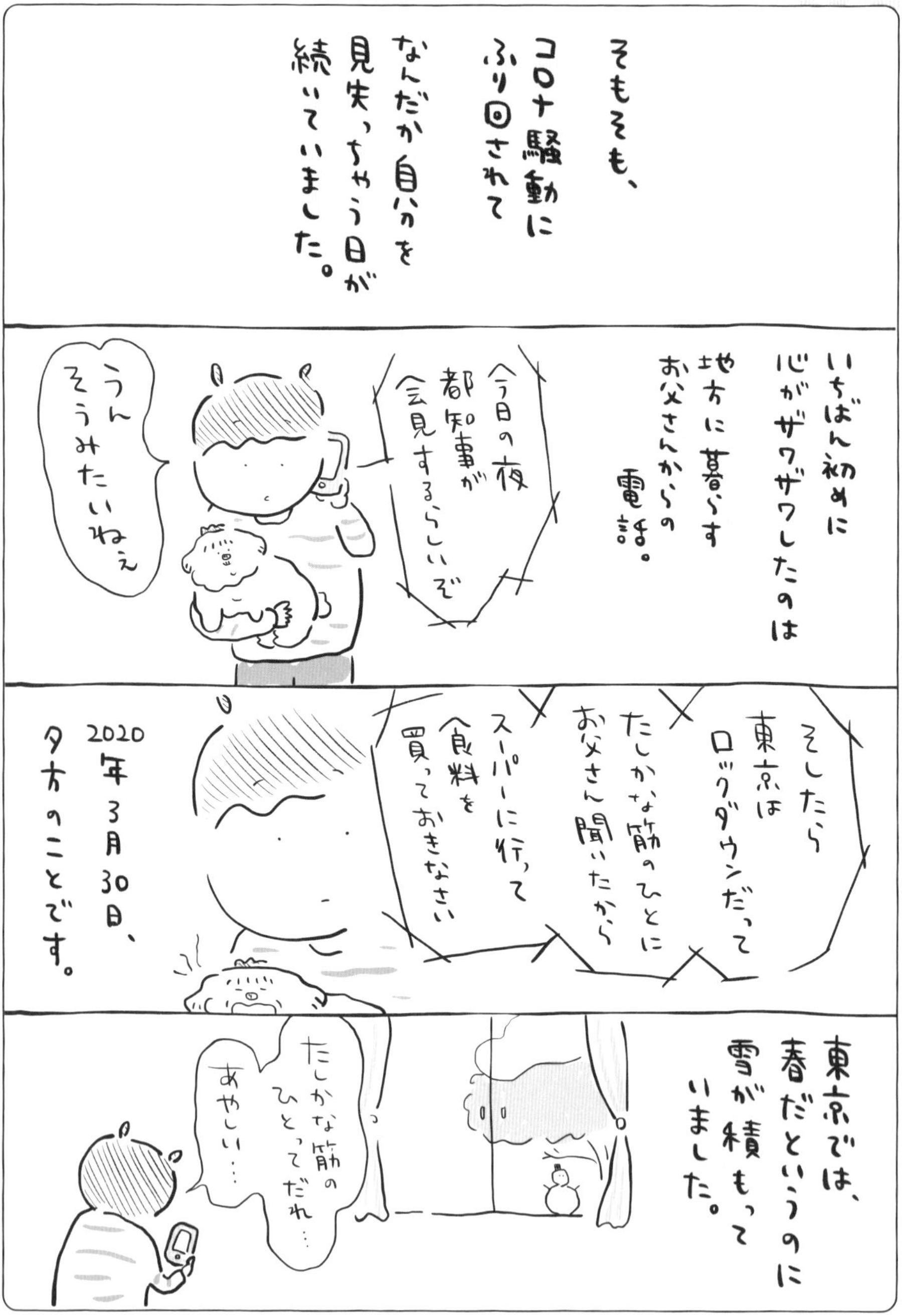
そもそも、コロナ騒動にふり回されてなんだか自分を見失っちゃう日が続いていました。
いちばん初めに心がザワザワしたのは地方に暮らすお父さんからの電話。
今日の夜都知事が会見するらしいぞ
うんそうみたいねぇ
そしたら東京はロックダウンだってたしかな筋のひとにお父さん聞いたから
スーパーに行って食料を買っておきなさい
2020年3月30日、夕方のことです。
東京では、春だというのに雪が積もっていました。
たしかな筋のひとってだれ…
あやしい…

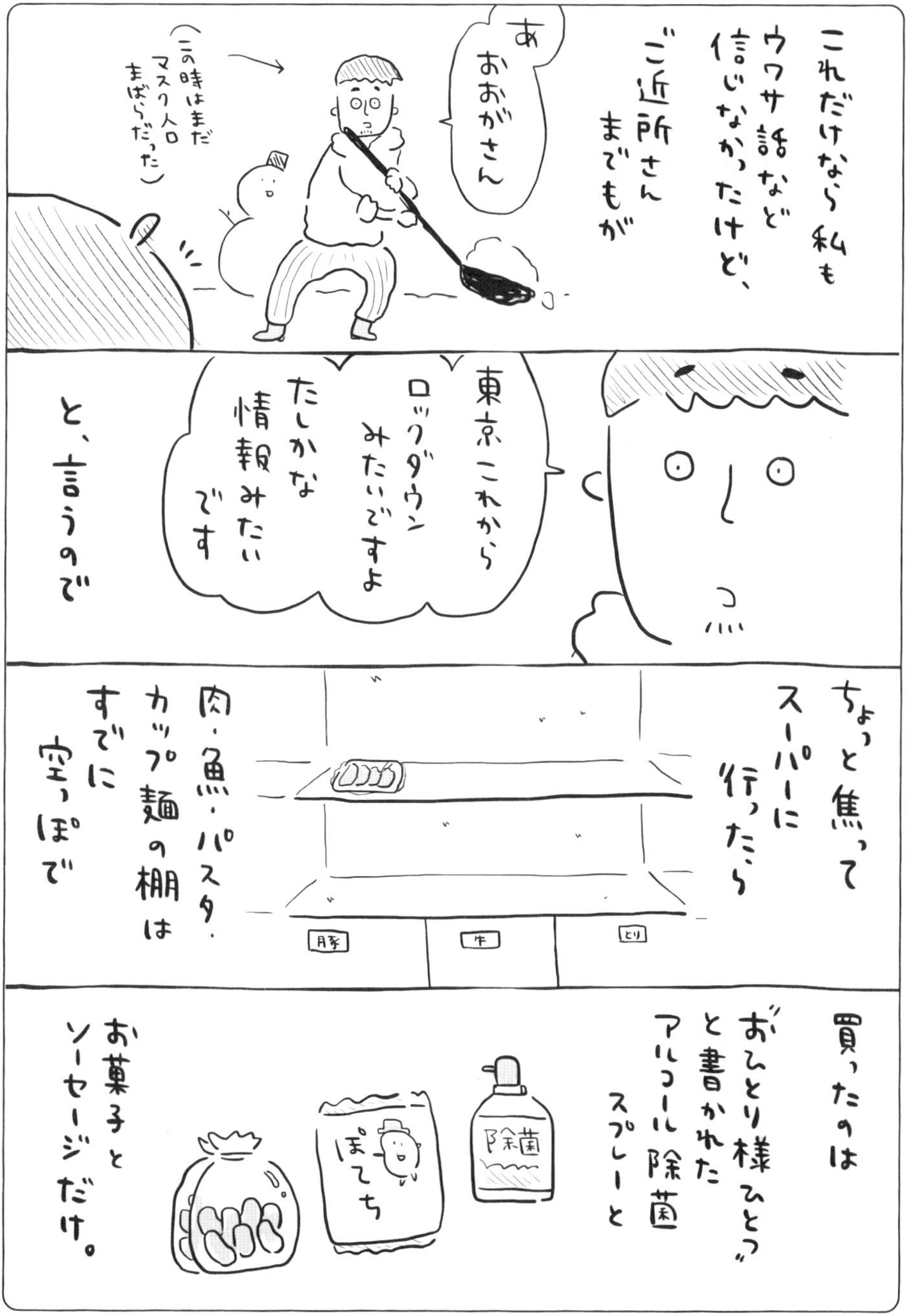
これだけなら私もウワサ話など信じなかったけど、
ご近所さんまでもが
あ おおがさん
(この時はまだマスク人口まばらだった)
東京これからロックダウンみたいですよ
たしかな情報みたいです
と、言うので
ちょっと焦ってスーパーに行ったら
肉・魚・パスタ・カップ麺の棚はすでに空っぽで
豚
牛
とり
買ったのは"おひとり様ひとつ"と書かれたアルコール除菌スプレーと
除菌
ぽてち
お菓子とソーセージだけ。

私みたいに
実家から
心配そうに
「食料
買っておきな」
って連絡きた人
多いだろうな
って思うと
買い占めも・・・・
憎らしく
思うことが
できず
ウワサ話って
愛情から
生まれるから
信じちゃうんだ
だから
大人なのにみんな
混乱するんだな
と知って
なんだか
なおさら
ゾッ…
(ロックダウンにも
結局
ならなかった)

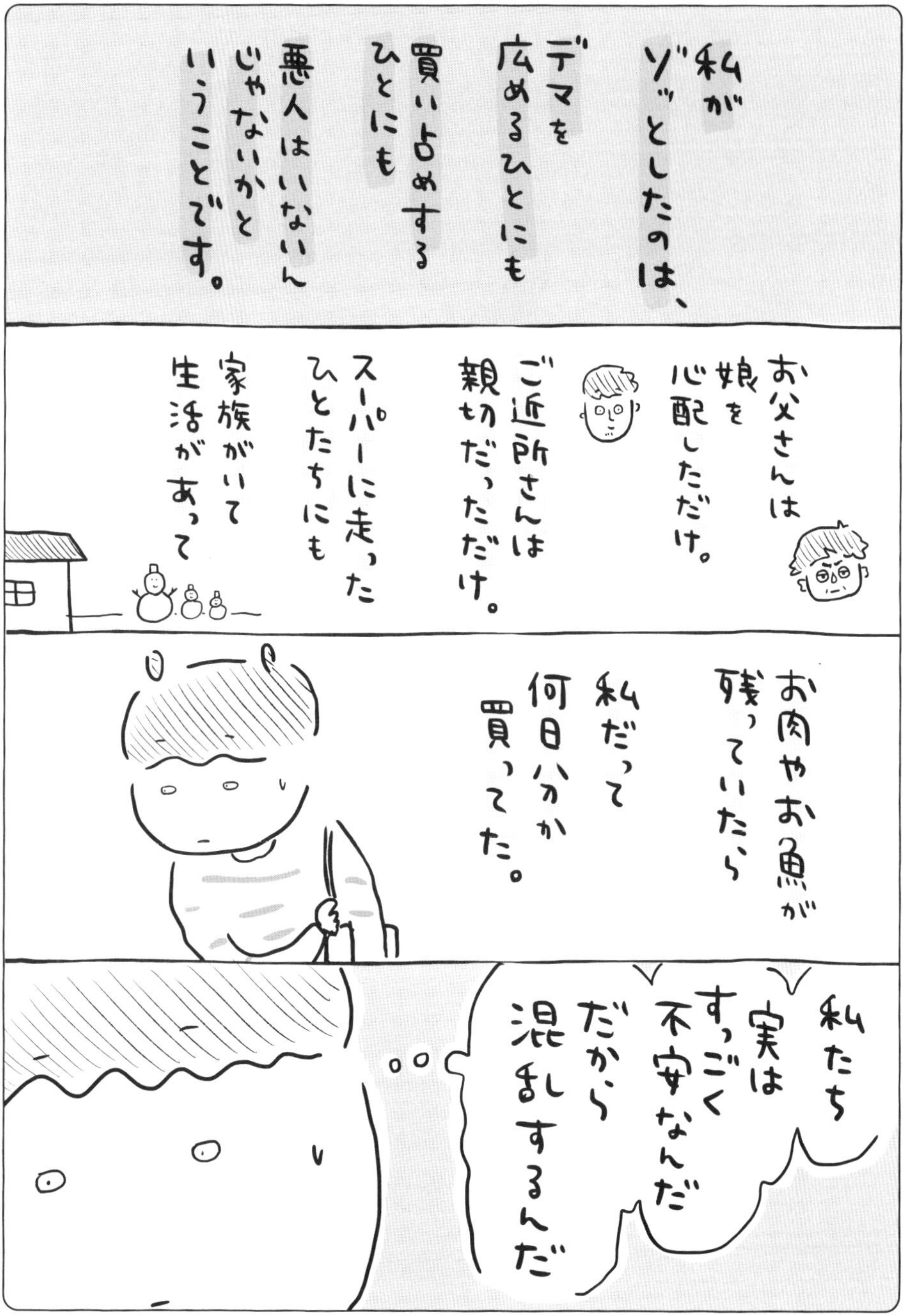

私が
ゾッとしたのは、
デマを
広めるひとにも
買い占めする
ひとにも
悪人はいないん
じゃないかと
いうことです。
お父さんは
娘を
心配しただけ。
ご近所さんは
親切だっただけ。
スーパーに走った
ひとたちにも
家族がいて
生活があって
お肉やお魚が
残っていたら
私だって
何日分か
買ってた。
私たち
実は
すっごく
不安なんだ
だから
混乱するんだ

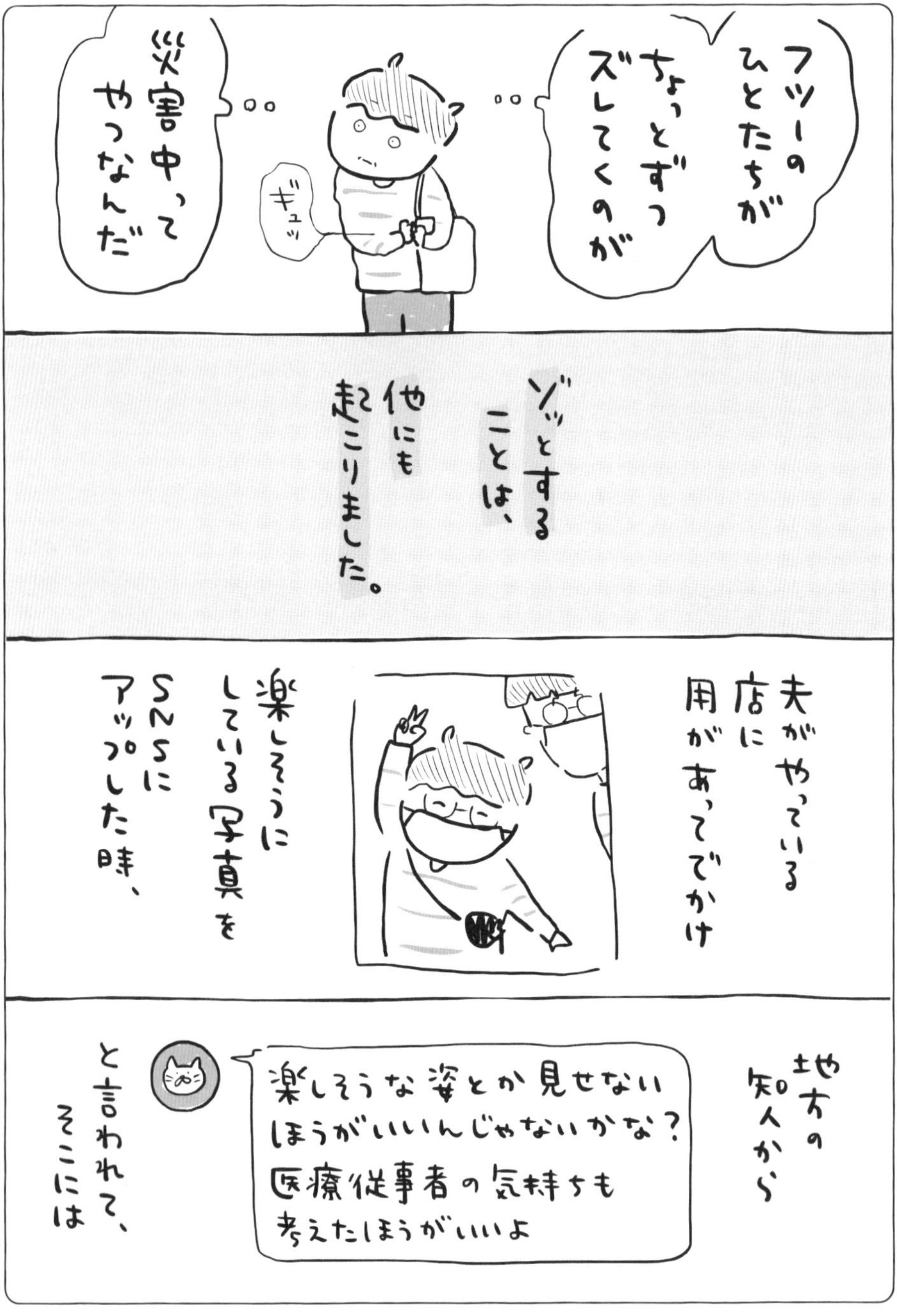
フツーのひとたちがちょっとずつズレてくのが
災害中、ってやつなんだ
ギュッ
ゾッとすることは、
他にも起こりました。
夫がやっている店に用があってでかけ
楽しそうにしている写真をSNSにアップした時、
地方の知人から
楽しそうな姿とか見せないほうがいいんじゃないかな？医療従事者の気持ちも考えたほうがいいよ
と言われて、そこには

あなたのためを思って言ってるんだよ？
と、添えられていたんです。
……これ多分本気だろうな
……本気で私のために言ってんだろうな
"あなたのためを思って"
って、
こんなに怖い言葉だったのか

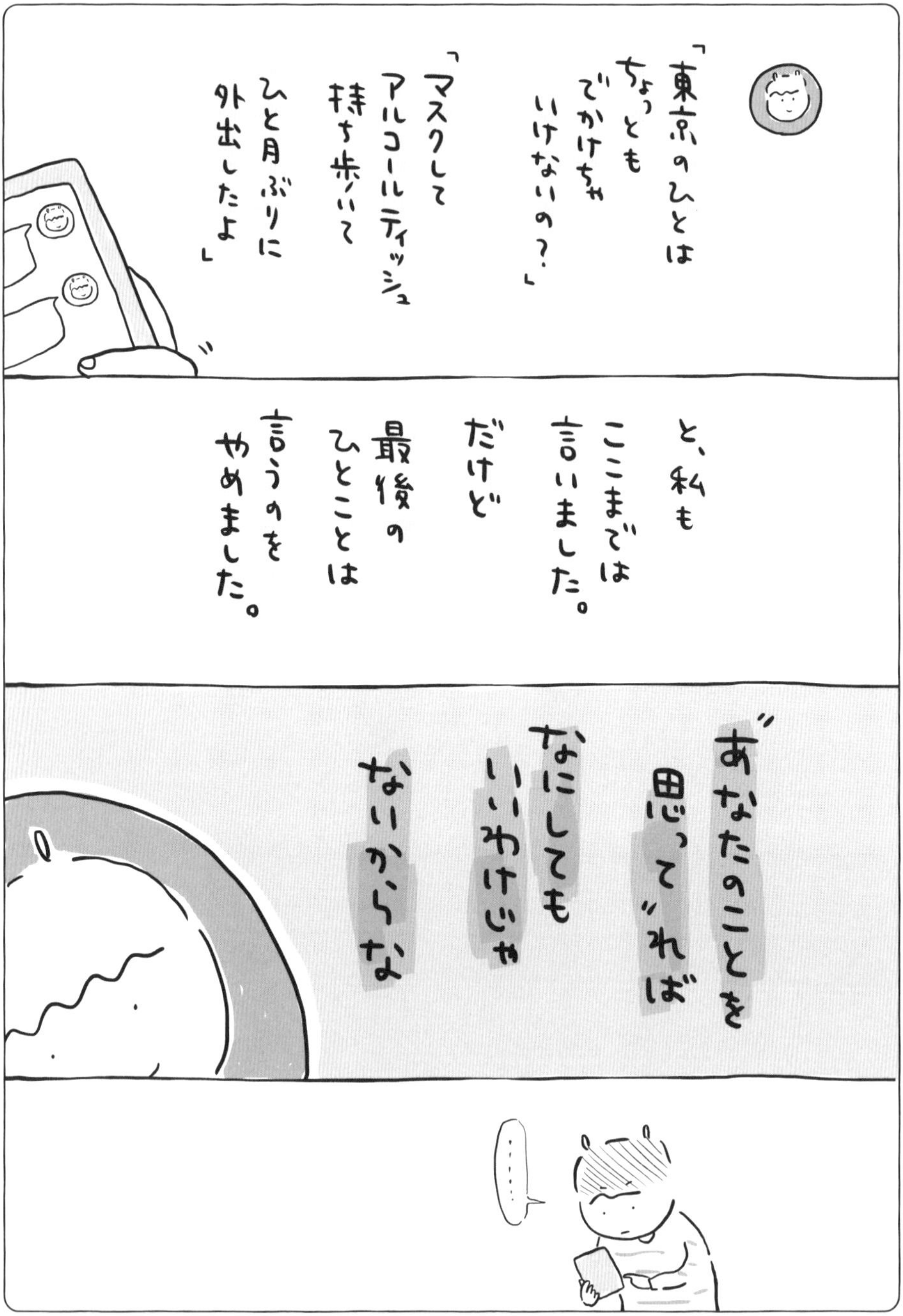
「東京のひとは ちょっとも でかけちゃ いけないの？」

「マスクして アルコールティッシュ 持ち歩いて ひと月ぶりに 外出したよ」

と、私も ここまでは 言いました。

だけど 最後の ひとことは 言うのを やめました。

〝あなたのことを 思って〟れば なにしても いいわけじゃ ないからな
……

それを言わなかったのはやっぱり
このひとも災害の中にいるんだ
と思ったからです。
ちょっとズレちゃってんだ
この時は妊娠前だったけど
心はじわじわ疲れだしていて
2020年の秋終わりあたりに
つわり…が
始まるんですが

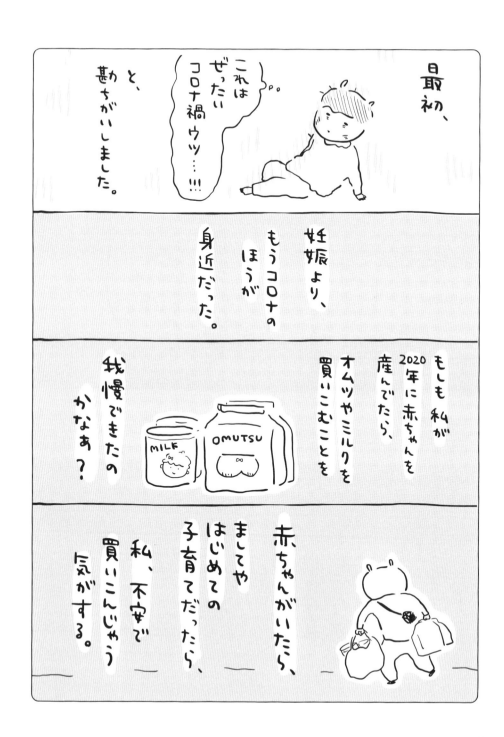

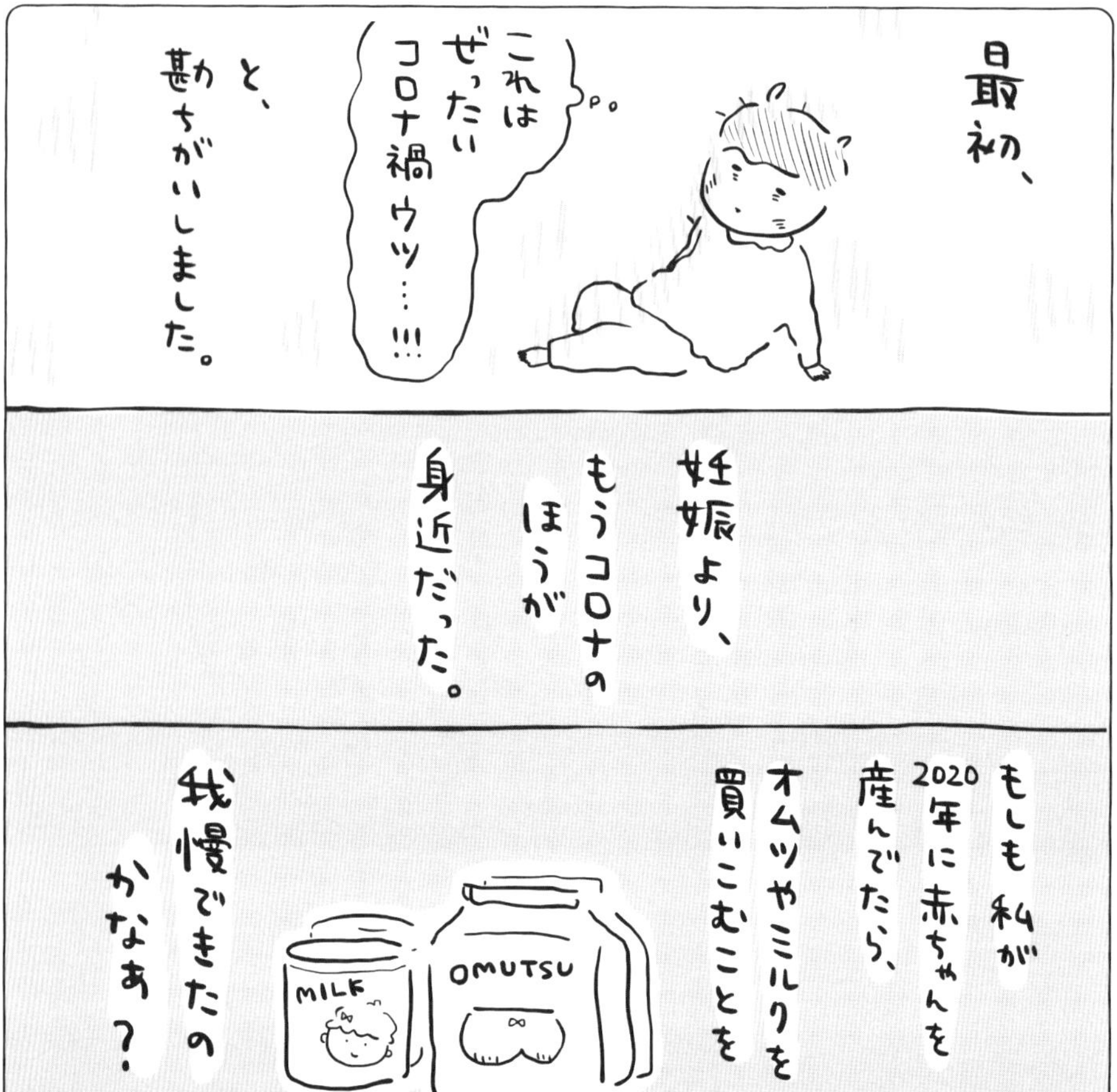

最初、
これはぜったいコロナ禍ウツ…!!!
と、勘ちがいしました。
妊娠より、
もうコロナのほうが
身近だった。
もしも私が
2020年に赤ちゃんを
産んでたら、
オムツやミルクを
買いこむことを
我慢できたのかなあ？
MILK
OMUTSU
赤ちゃんがいたら、
ましてや
はじめての
子育てだったら、
私、不安で
買いこんじゃう
気がする。

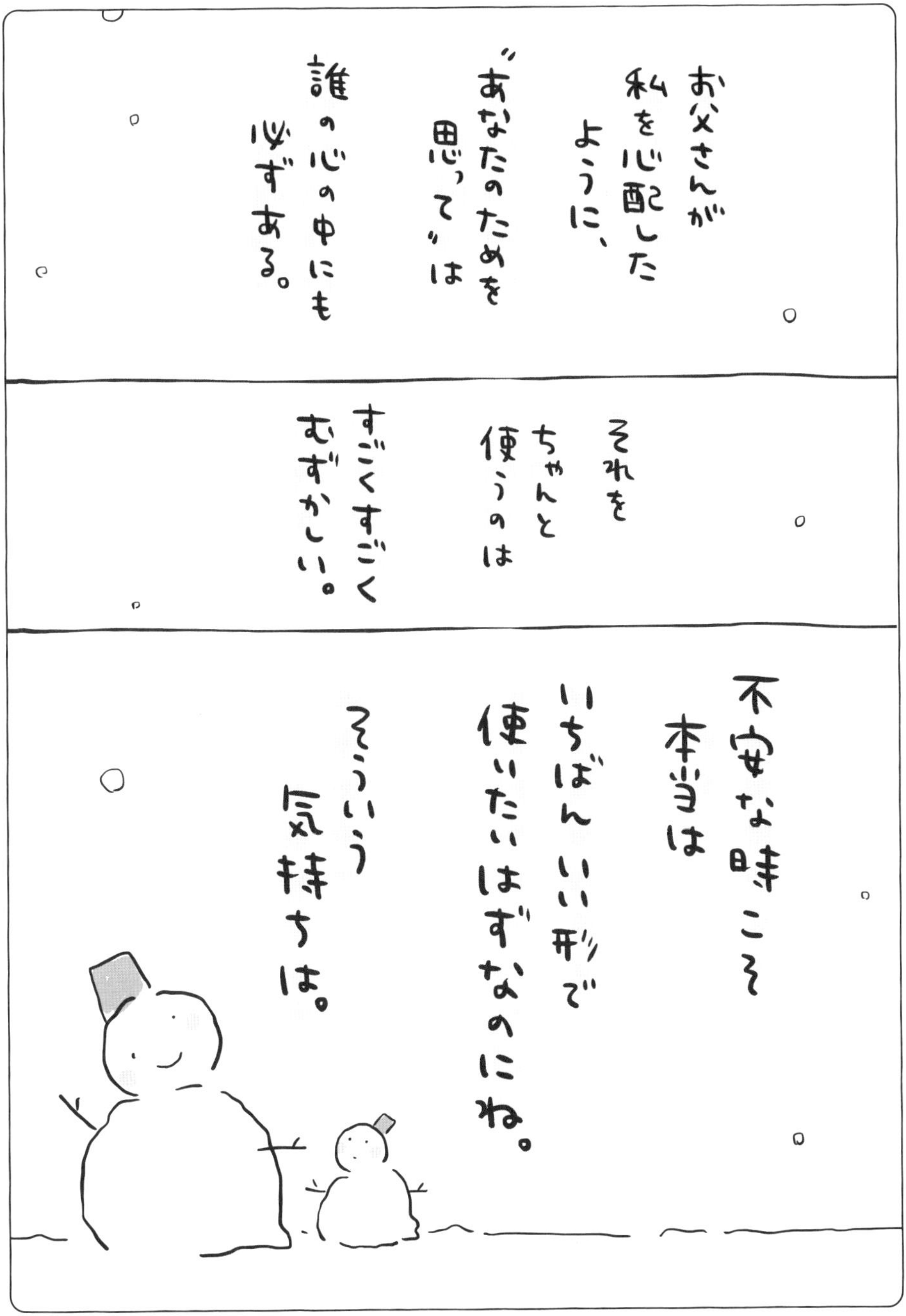
お父さんが
私を心配した
ように、
"あなたのために
思って"は
誰の心の中にも
必ずある。
それを
ちゃんと
使うのは
すごくすごく
むずかしい。
不安な時こそ
本当は
いちばんいい形で
使いたいはずなのにね。
そういう
気持ちは。

03 親になるからって消えないよ

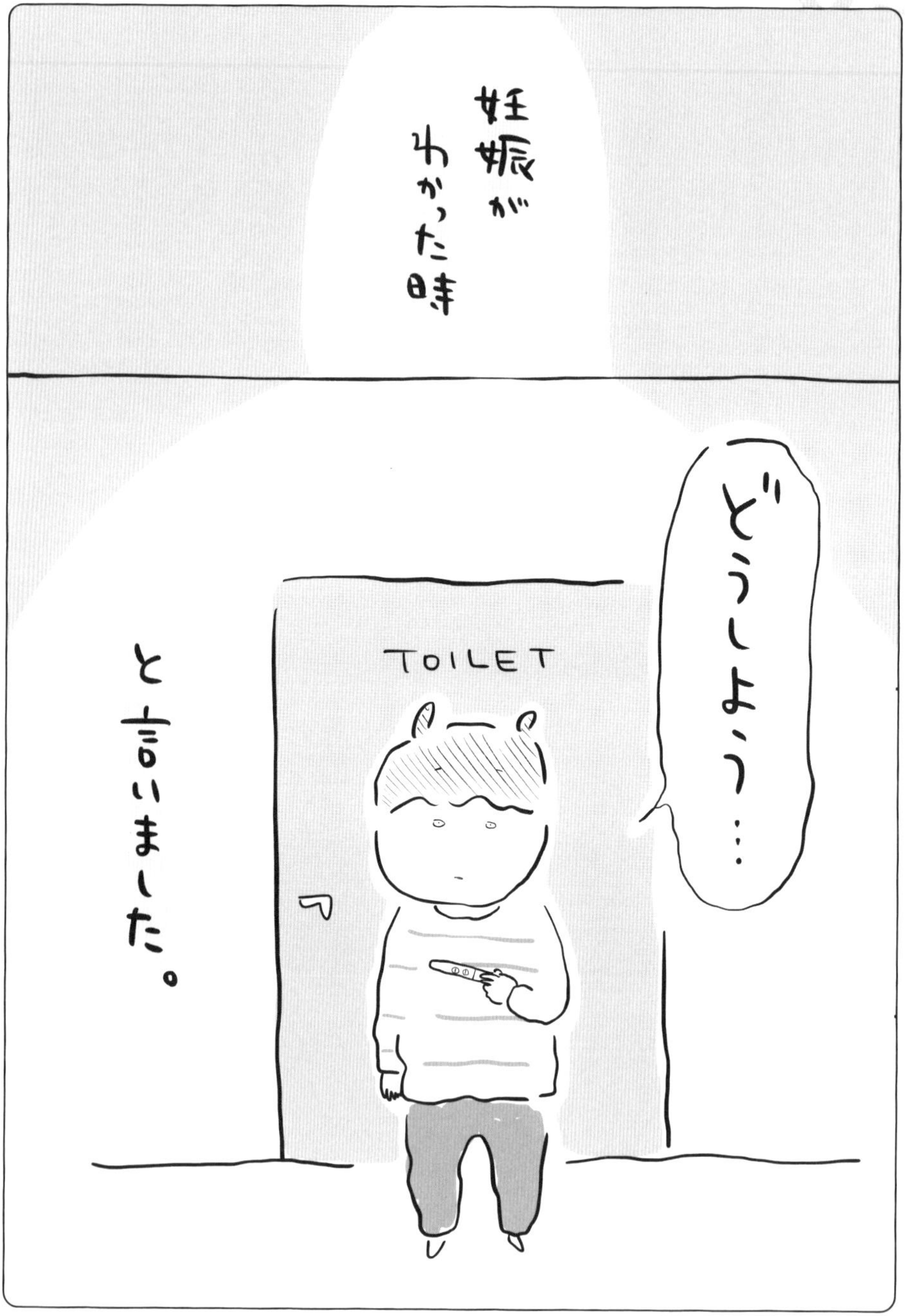

ちょっと、妊娠前の話をします。
去年の春。コロナ禍の
NEWS
感染者数
―人
スマホ
いろんなニュースや不安事に疲れてしまい
思いきってひと月ちょっと
夏休みをとったわけです。
きっかけはコロナだけど、
私はここ数年自分をダメだダメだと思い続けて暮らしていまして

そんな中、ステイホームで夫とふたり
ゆっくり休んで過ごす内に
嘘みたいに自分の毎日を好きになれたのです。
よく考えたらもうこれ以上ほしいものなんてないよ
このままふたりでのんびり生きようマイペースにいこう

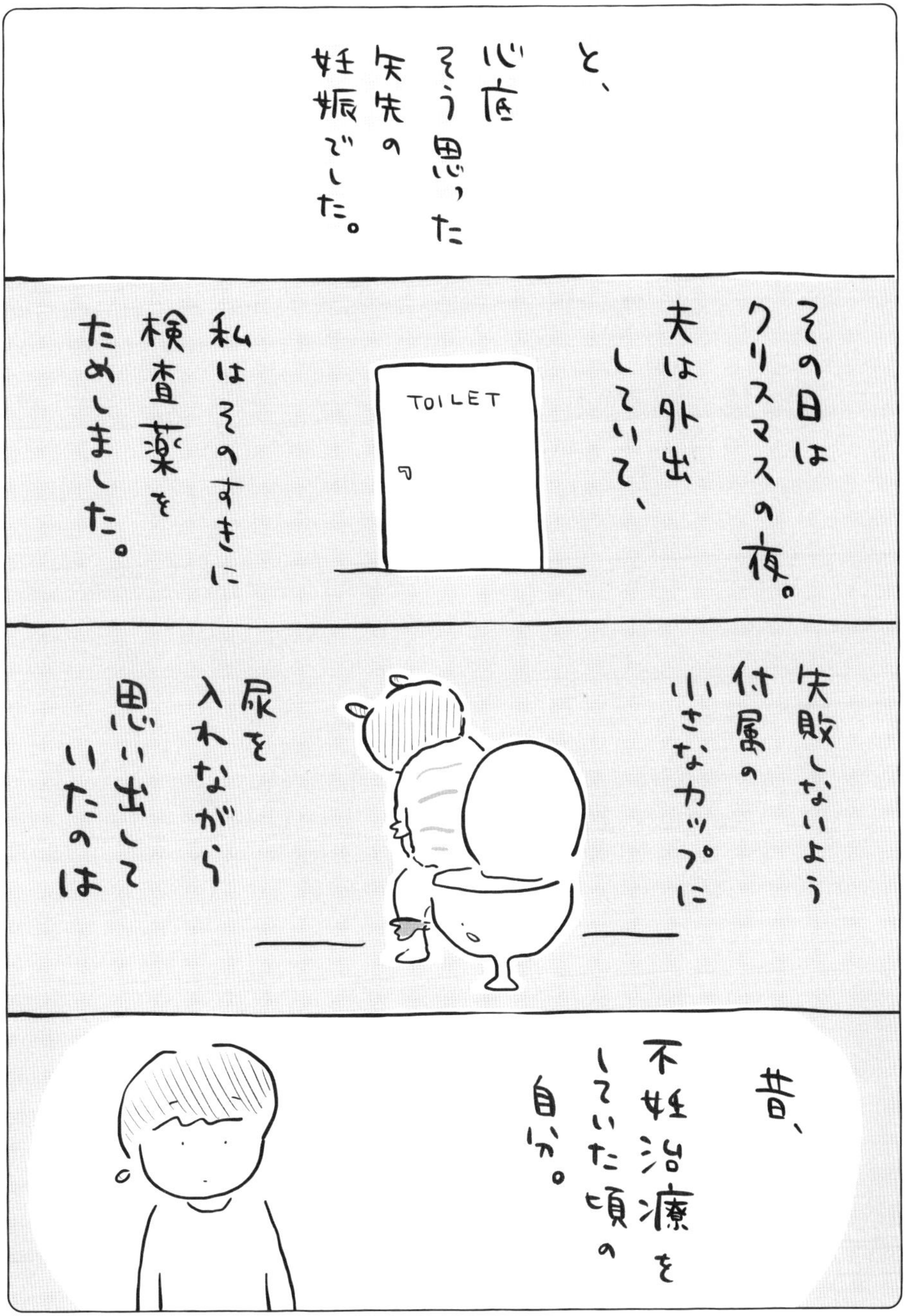
と、心底そう思った矢先の妊娠でした。
その日はクリスマスの夜。夫は外出していて、
TOILET
私はそのすきに検査薬をためしました。
失敗しないよう付属の小さなカップに
尿を入れながら思い出していたのは
昔、不妊治療をしていた頃の自分。

あの頃は
見たくて
仕方がなかった
縦の線が
見たさのあまり、
尿をかけたあと
1時間も
待っていた
あの
縦の線が
10秒で
出ました。

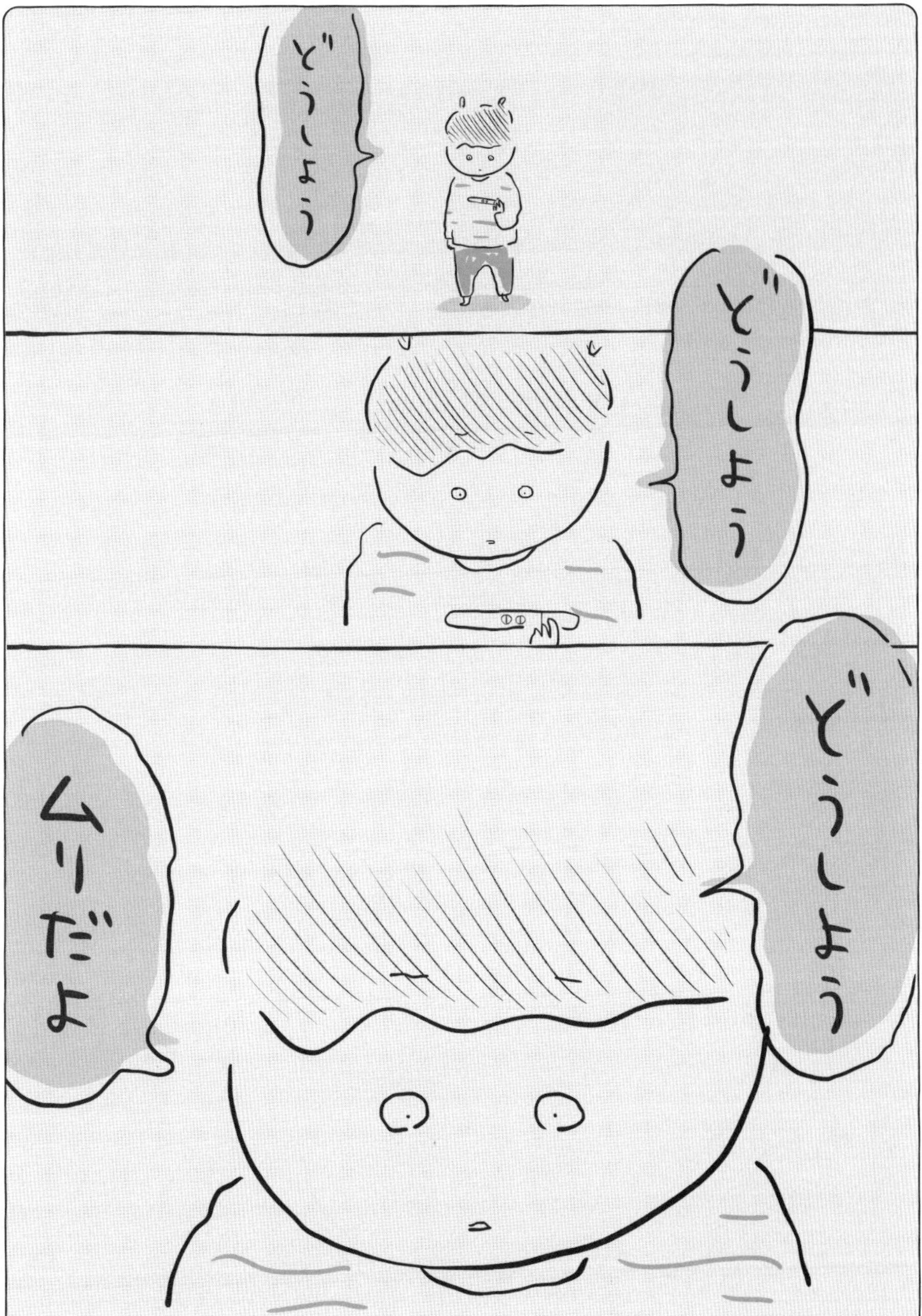
どうしよう
どうしよう
どうしよう
ムリだよ

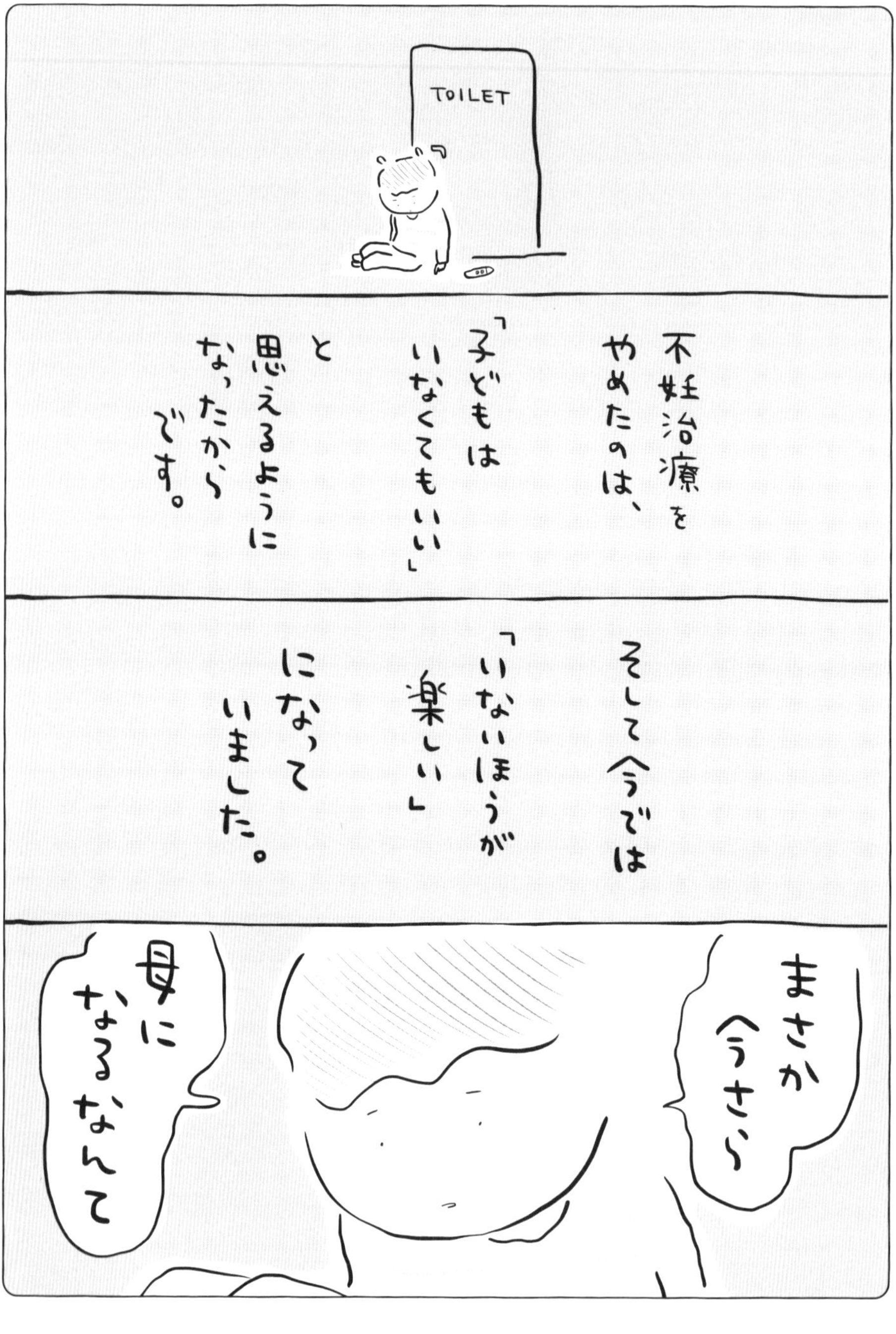
TOILET
不妊治療をやめたのは、
「子どもはいなくてもいい」
と思えるようになったからです。
そして今では
「いないほうが楽しい」
になっていました。
まさか今さら
母になるなんて

「ムリだよ」は
ひとりでいたから言えた言葉だと思います。
夫どころかそこに犬がいても絶対に言えなかった。
妊娠しといてムリだなんて言っちゃいけない
え

世の中に
言っちゃいけないひとりごとなんてないと思うけど
大丈夫
あんたは産むし育てるよ
わりとたくましくね

マイペースでいられなくなるのが怖いの?
わははは
マイペースって自分の声を聞く時間のことでしょ
誰かがこわせるもんでもないでしょ
親になるからって自分は消えないよ

夫が帰ってくるまでの
30分間
私は、私と、
ずっとしゃべっていました。

妊娠してから
いろんなひとに
話しかけられたけど…
手伝いましょうか?
あ、いえ大丈夫ですよ～

急に泣き始めた
ご婦人には
ちょっとびっくりした。
昔は私も幸せだったわ…
!?

やったじゃん

04

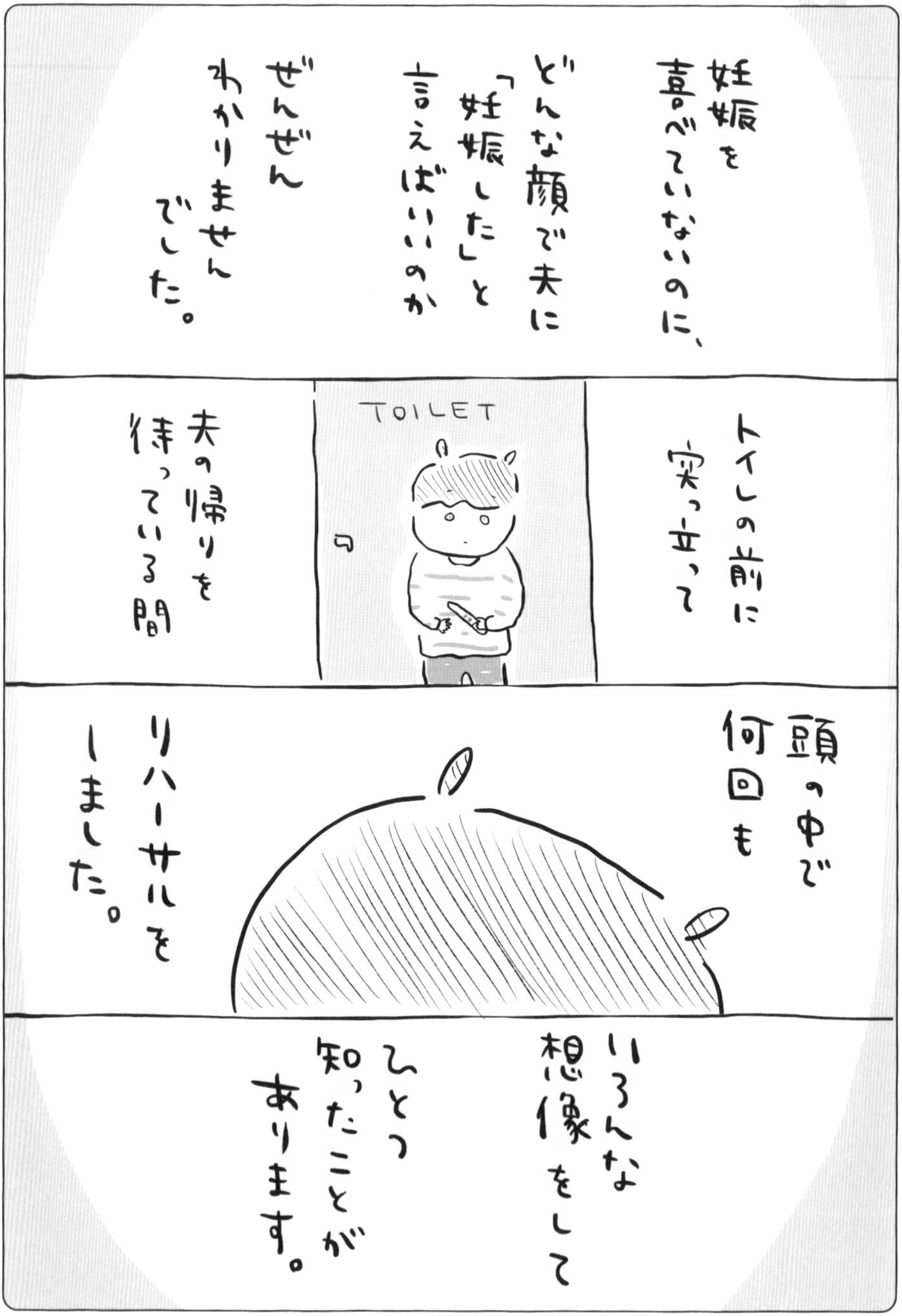
妊娠を
喜べていないのに、
どんな顔で夫に
「妊娠した」と
言えばいいのか
ぜんぜん
わかりません
でした。
TOILET
トイレの前に
突っ立って
夫の帰りを
待っている間
頭の中で
何回も
リハーサルを
しました。
いろんな
想像をして
ひとつ
知ったことが
あります。

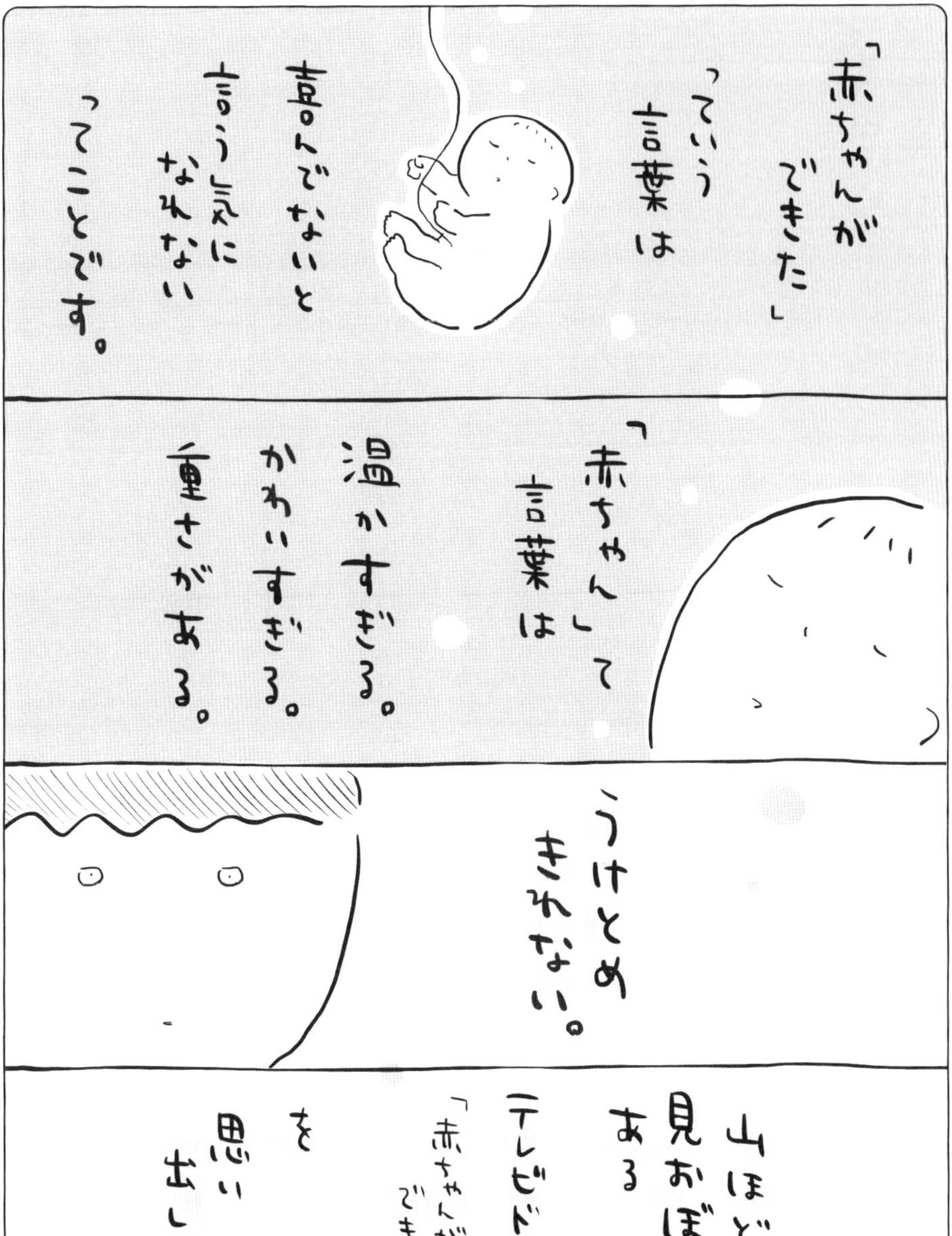
「赤ちゃんができた」
っていう
言葉は
喜んでないと
言う気に
なれない
ってことです。
「赤ちゃん」て
言葉は
温かすぎる。
かわいすぎる。
重さがある。
うけとめ
きれない。
山ほど
見おぼえの
ある
テレビドラマの
「赤ちゃんができたの」
を
思い
出しては

みんながみんなサラッと言える言葉じゃないんだよ
脚本家ならもっとちゃんと考えなよ
と思いました。
こういう時
どんな風に妊娠を報告すればいいのか
どこにもお手本がない
幸せそうにする以外は許されていない気がする

すると、
私の中の私がまた声をかけてきて、
いいよ そのまま言いなよ
そしたらなにか新しい気持ちが出てくるから

ガチャ
ただいまー
TOILET
トントン
トントン
どうしたの そんなとこで
トン
どうしよう 大変なことが 起きた〜
えっ

なに？なになになに？
言って早く言ってこわいから
妊娠した
え
TOILET

やったじゃん
この時、「やったじゃん」って言葉とは裏はらに

「え」っていう
顔をしている
夫を見て
パンパンになってた
自分の頭に
なぜか
プシュ
っと
空気穴があいて、
黒い空気が
ぬけたのを
感じました。

あかちゃんができたの
もしも夫がそれこそドラマみたいに
こちらにかけよってきたり涙ぐんだり頑張ろうって笑ったりしたら
私は付き合って手をにぎりかえしたり涙ぐんだり笑ったりしなきゃいけなくて
産むまでの間、本当においていかれるところだった
と思います。

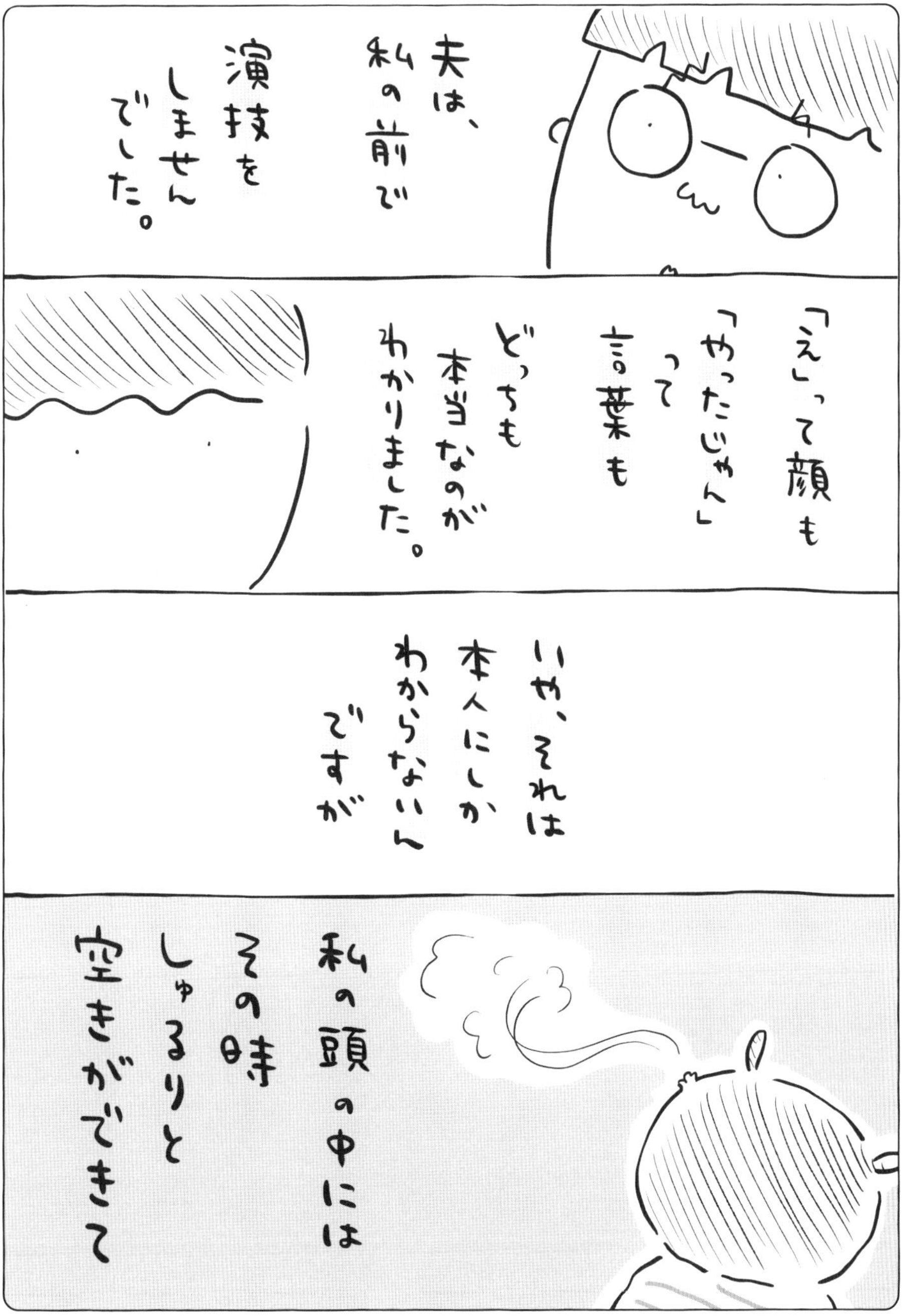
夫は、私の前で演技をしませんでした。
「え」って顔も「やったじゃん」って言葉もどっちも本当なのがわかりました。
いや、それは本人にしかわからないんですが
私の頭の中にはその時しゅるりと空きができて

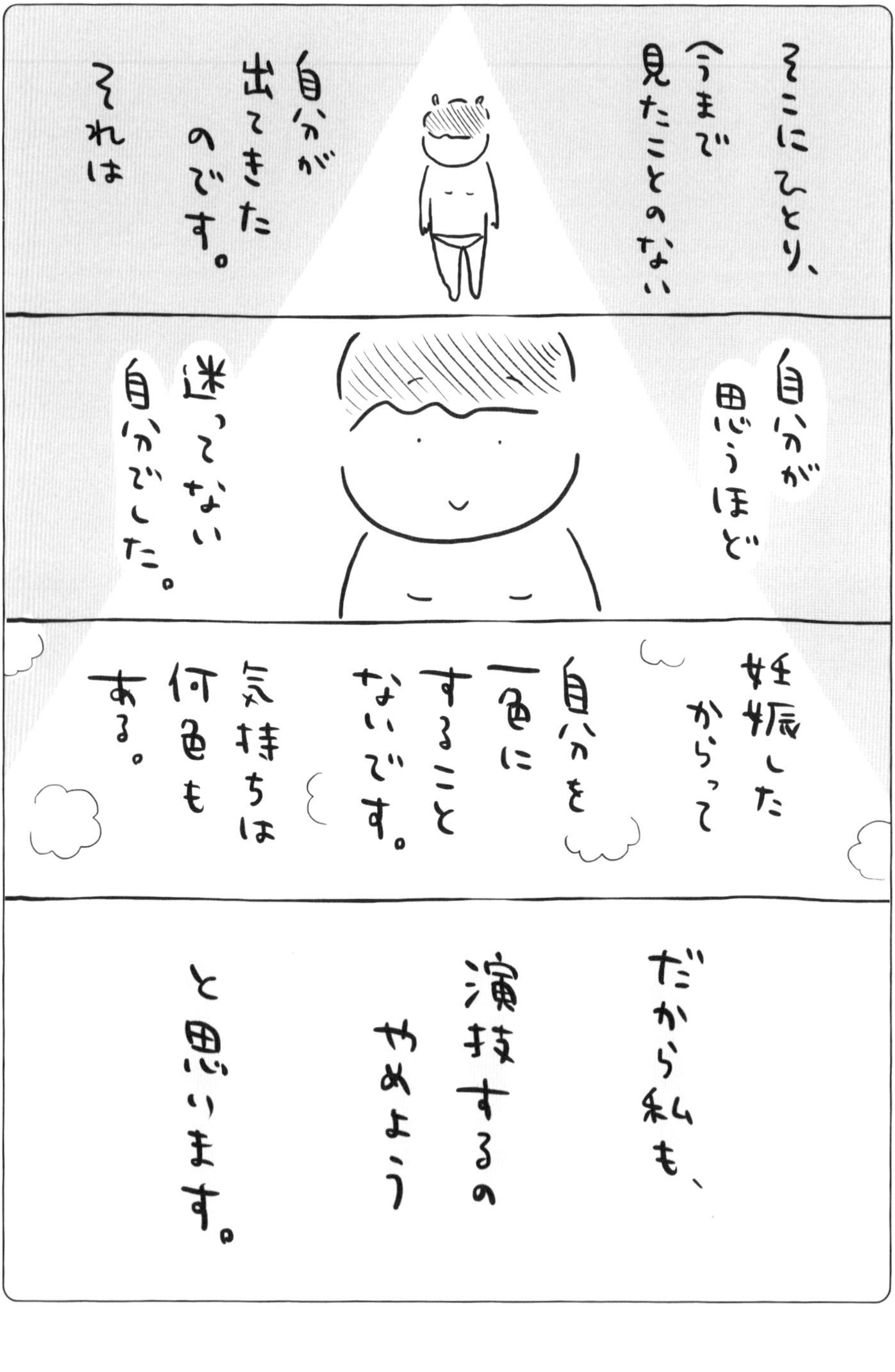
そこにひとり、今まで見たことのない
自分が出てきたのです。
それは
自分が思うほど
迷ってない自分でした。
妊娠したからって
自分を一色にすることないです。
気持ちは何色もある。
だから私も、演技するのやめよう
と思います。

喜べる日まで
「赤ちゃん」って
言える日まで
うだうだ
やってよう。
勝手なこと
感じてよう。
大丈夫、
信じてる。
つい今 見つけた、
迷ってないほうの
自分を信じてる。

私ってばコロナ禍妊婦

2020年12月25日。妊娠がわかった次の日、
とりあえず病院に行かねばと
ご近所に住むミカちゃんが先日出産した病院に電話をしました。
なぜそこにしたのかというと
完全無痛分娩だったんで産みながらレ○Eできました
と言っていたのを思い出したからです。
妊娠にうろたえて暗い気持ちになったわりには
パッパと電話し

はじめてでわからないんですがどういう手続きをすればいいんですか
と聞いてメモをしっかりとる自分は
まるで自分じゃないようで、
でも自分で、
ああ私ってもう普通に大人なんだな
と思いました。
妊娠がわかってから自分の人格が急に分裂したように感じます。

私が私だと
思っていたのは、
うろたえる
自分。
でもそこに
もうひとり、
大人で
機械的な
自分。
メモを
とっている
私に
心っぽい
心はなく
はい
はい
感染対策で
付きそいの方は
ご遠慮
いただいています
おひとりで
ご来院ください
と、
言われた時
だけ

あっ
と感情が戻りました。
そうか私
〝コロナ禍妊婦〟なのか
37度以上の熱や咳などがある場合もご来院いただけませんので…
あ、はい
ですよねはい
ピッ

……
そーか そーか 私って多分
産む時も ひとりなんだ
まいっか 別に
今となっては出産願望がなかった私に
MEMO

立ち会いとか付きそいとかをしてほしい
という気持ちはぜんぜんなく
同じくコロナ禍で子どもを産んだ
ミカちゃんのことも見ていたため
"今の世の中で出産する不安"みたいなものがありませんでした。
自分でもひょうし抜けしたくらいです。
99分、99分ですが、

この時すでにコロナ発生から約1年たっていて、もう慣れちゃってたことと
2020年
12/26
出産に夢や理想を持ってなかったということが
私をさらに機械的に、そしてやけに鈍くしました。
別にひとりでも産めるし
コロナは結局マスクして手洗いしてあんまり人と会わないくらいしか
することないしな

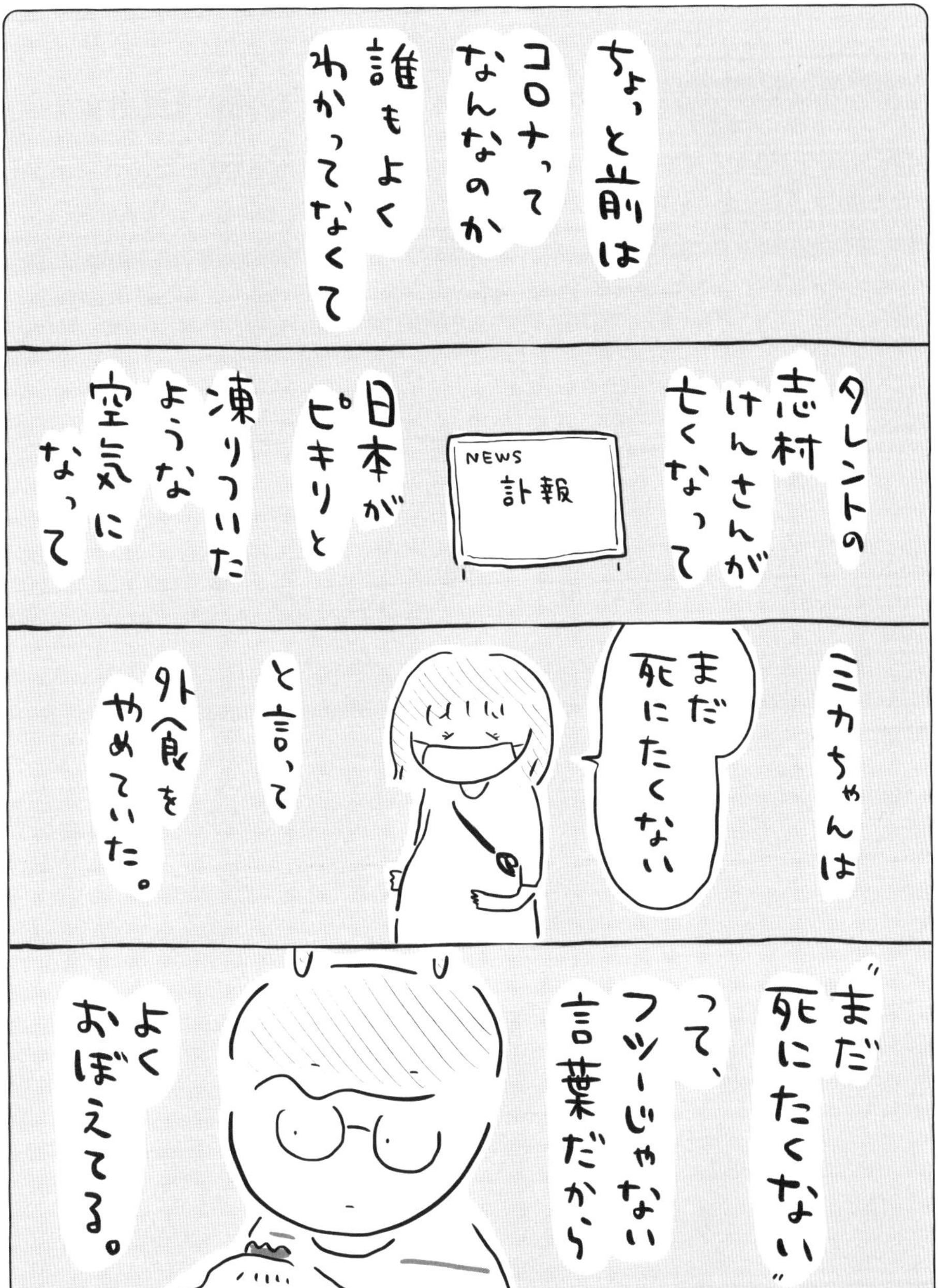

ちょっと前は
コロナって
なんなのか
誰もよく
わかってなくて
タレントの
志村
けんさんが
亡くなって
NEWS
訃報
日本が
ピキリと
凍りついた
ような
空気に
なって
ミカちゃんは
まだ
死にたくない
と言って
外食を
やめていた。
"まだ
死にたくない"
って、
フツーじゃない
言葉だから
よく
おぼえてる。

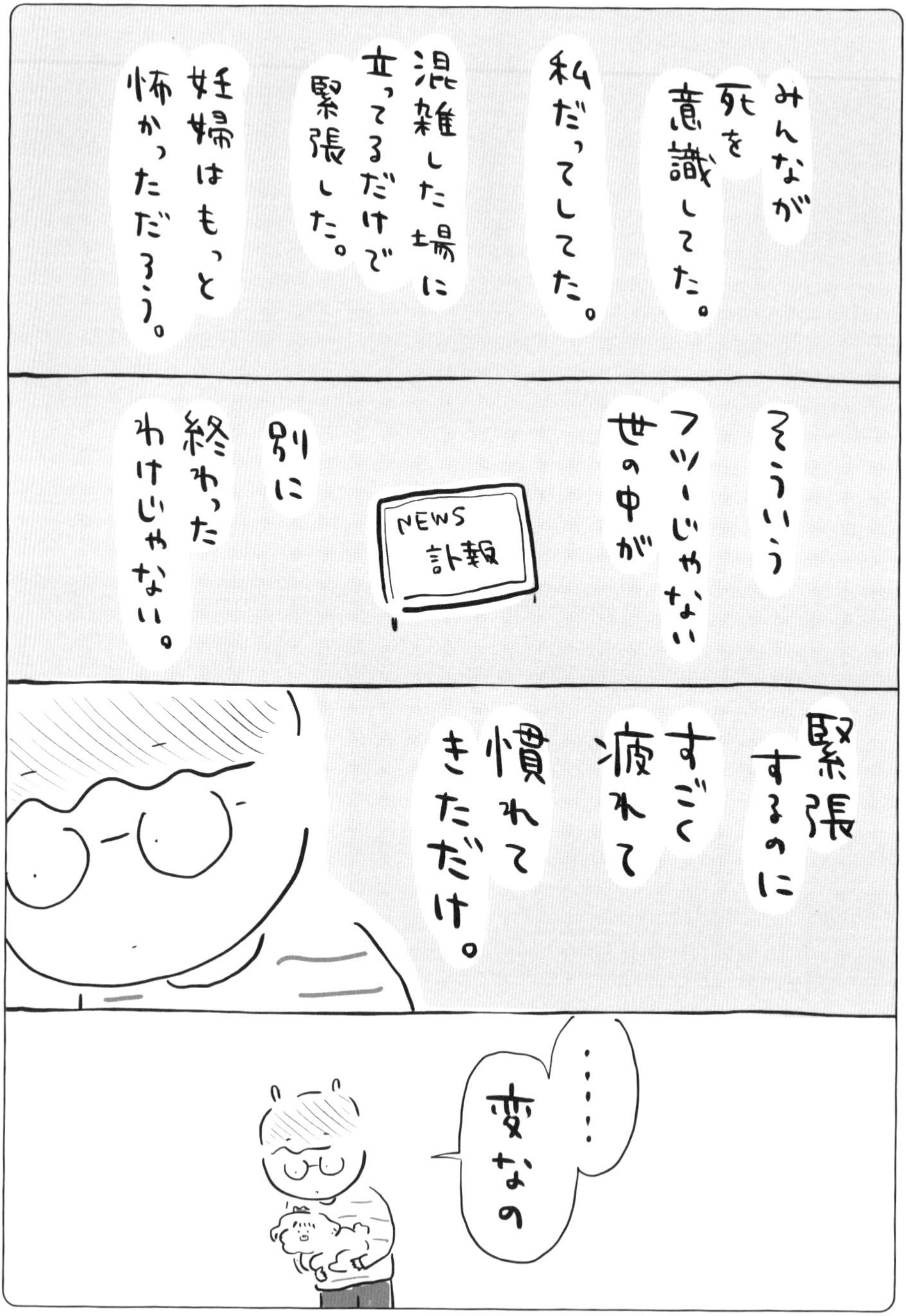
みんなが死を意識してた。
私だってしてた。
混雑した場に立ってるだけで緊張した。
妊婦はもっと怖かっただろう。
そういうフツーじゃない世の中が
NEWS
訃報
別に終わったわけじゃない。
緊張するのにすごく疲れて
慣れてきただけ。
……
変なの

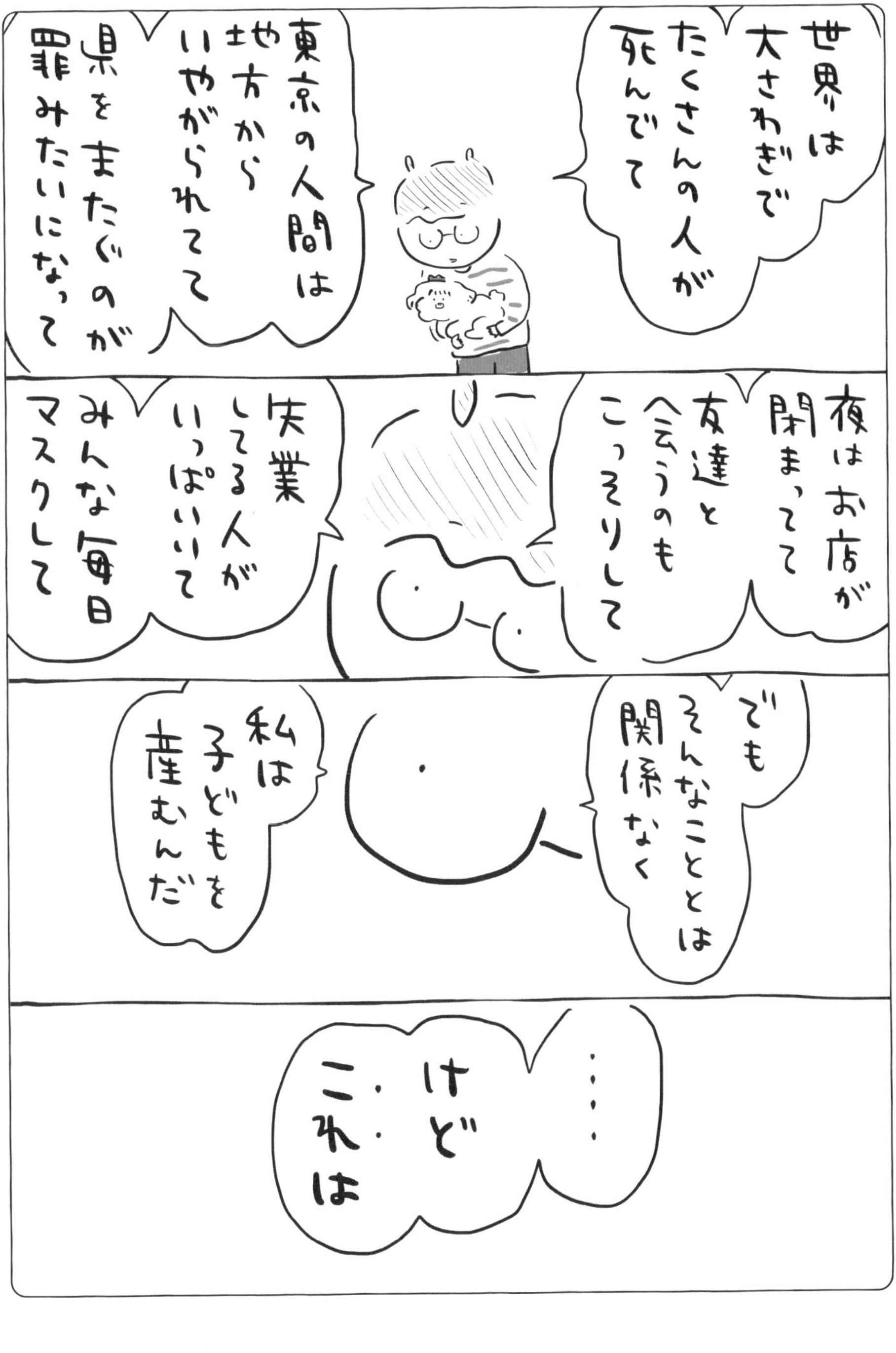
世界は大さわぎでたくさんの人が死んでて
東京の人間は地方からいやがられてて県をまたぐのが罪みたいになってて
夜はお店が閉まってて友達と会うのもこっそりして
失業してる人がいっぱいいてみんな毎日マスクして
でもそんなこととは関係なく
私は子どもを産むんだ
……けど…これは

世の中関係なく
私の問題なんだな
MEMO
※37度あったら病院ダメ
ミカちゃんの病院はだいぶ先まで予約がとれなかったので
ひとまず、近所の病院に行きました。
レディースクリニック
心臓が動いてますよ

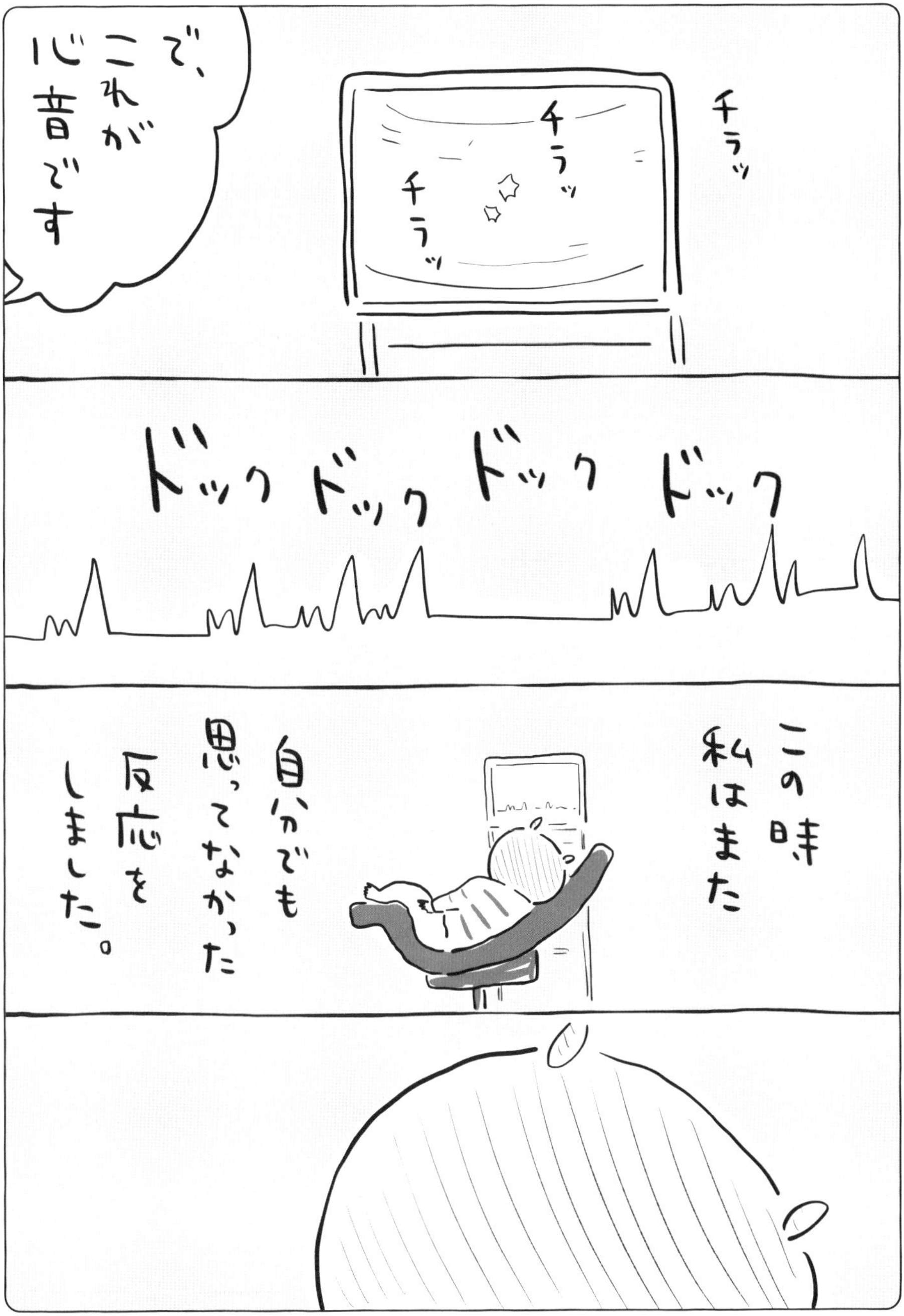
で、これが心音です
チラッ
チラッ
チラッ
ドックドックドックドック
この時私はまた自分でも思ってなかった反応をしました。

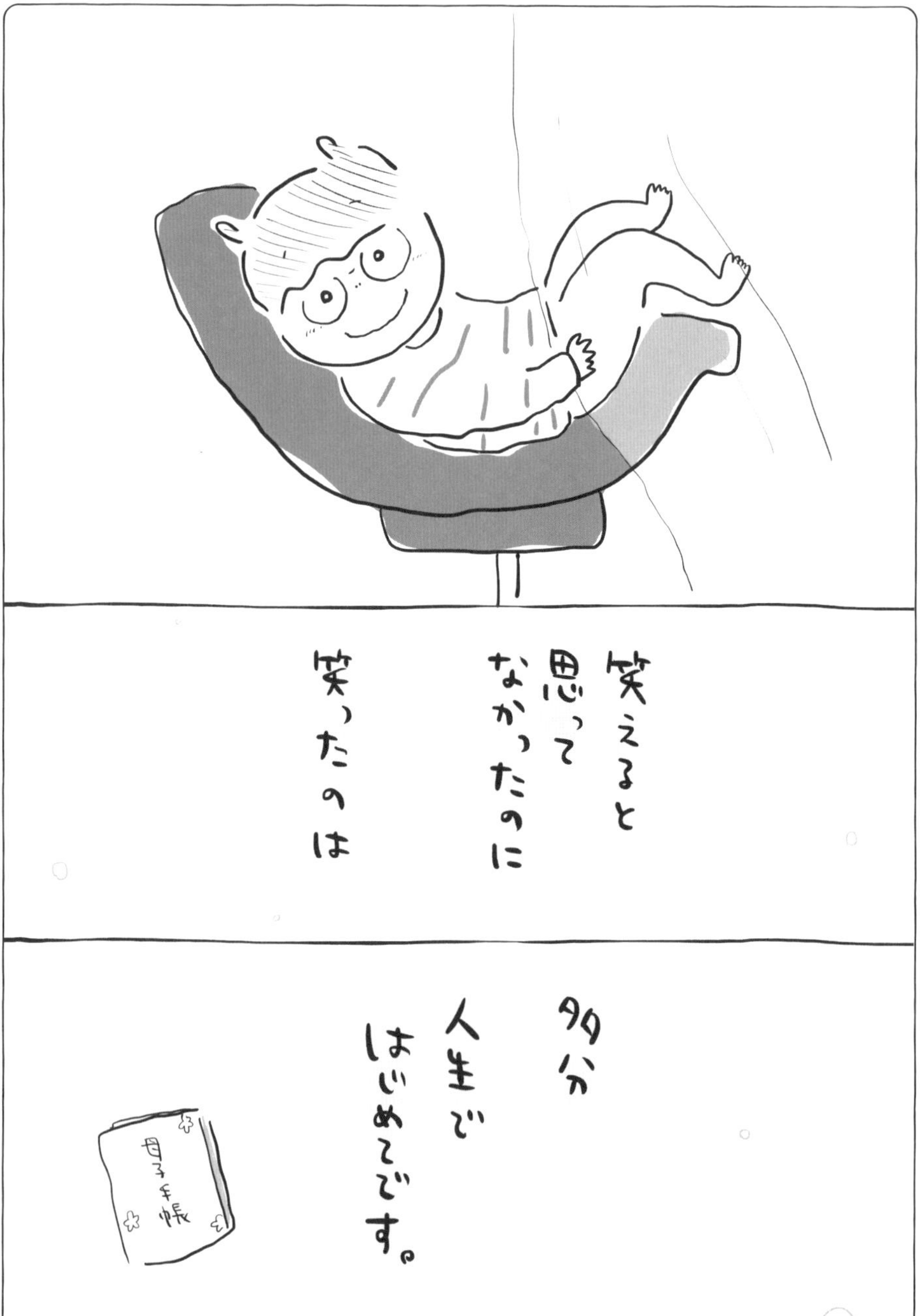
笑えると
思って
なかったのに
笑ったのは
多分
人生で
はじめてです。
母子手帳

妊娠したら
あまりにも尿意が
近くなったので
よーし
ショーツ型の
生理ナプキンを
はいて外出してた。

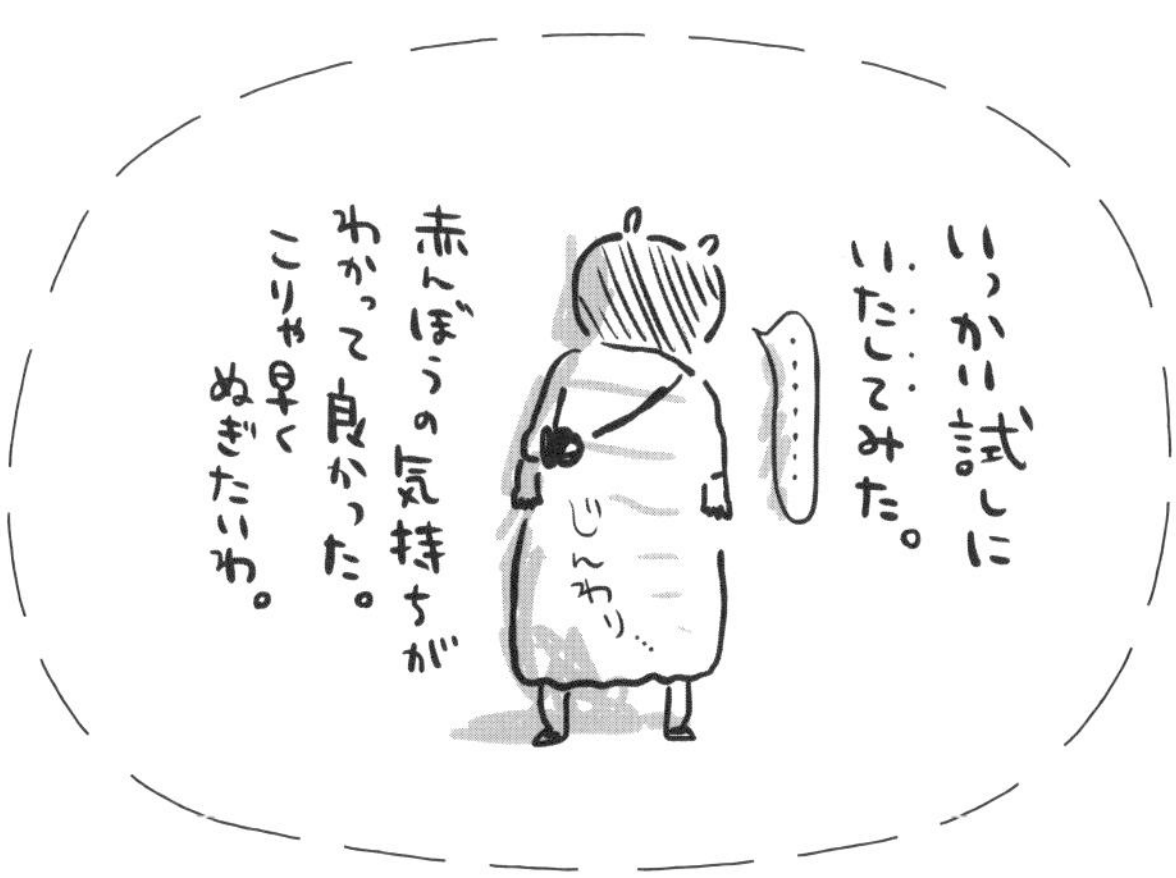
いっかい試しに
いたしてみた。
・・・・
じんわり…
赤んぼうの気持ちが
わかって良かった。
こりゃ早く
ぬぎたいわ。

お弁当箱に明日をつめて

06

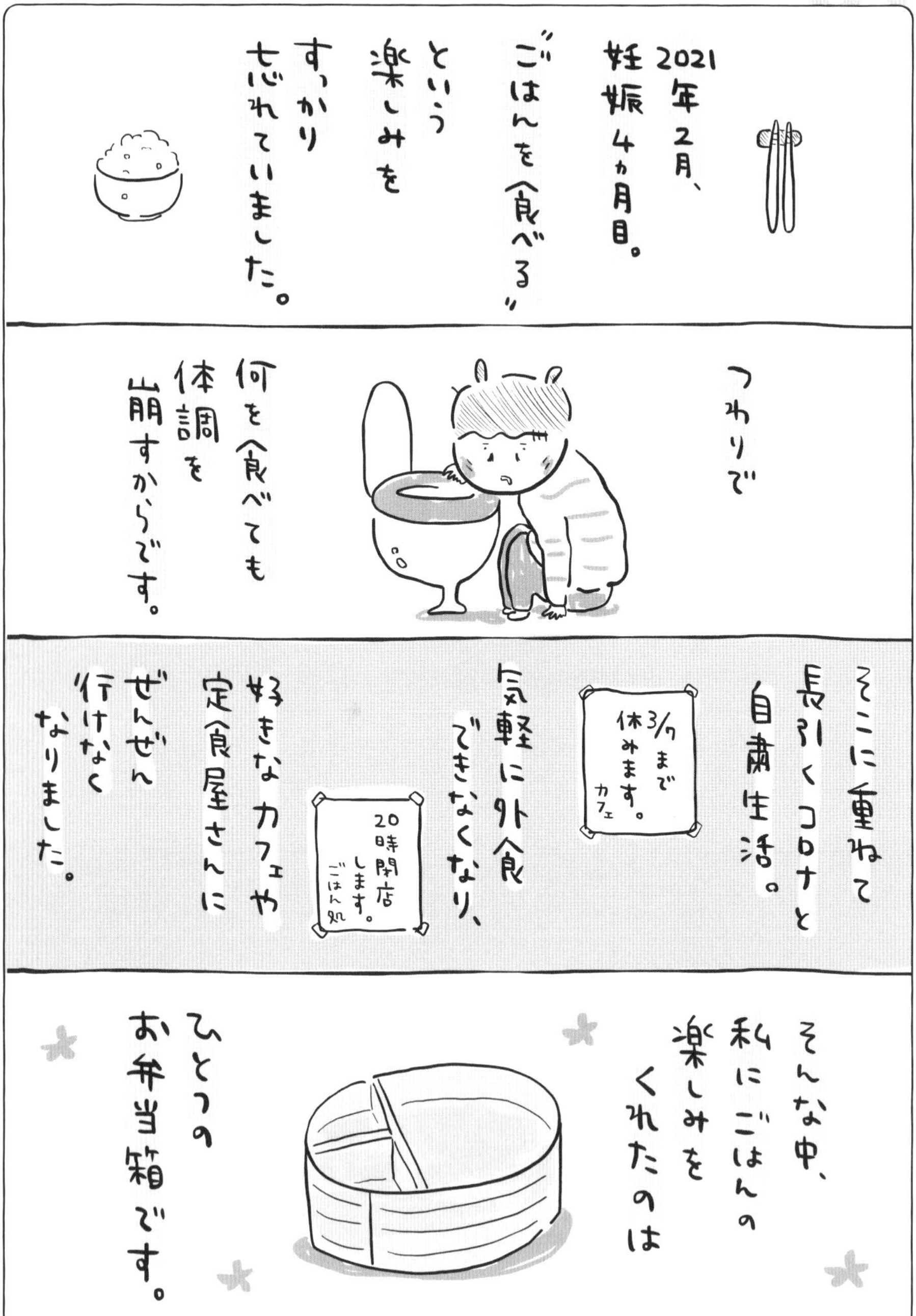
2021年2月、
妊娠4ヵ月目。
“ごはんを食べる”
という
楽しみを
すっかり
忘れていました。
つわりで
何を食べても
体調を
崩すからです。
そこに重ねて
長引くコロナと
自粛生活。
3/7まで
休みます。
カフェ
気軽に外食
できなくなり、
20時閉店
します。
ごはん処
好きなカフェや
定食屋さんに
ぜんぜん
行けなく
なりました。
そんな中、
私にごはんの
楽しみを
くれたのは
ひとつの
お弁当箱です。

妊娠してすぐに
米も肉も野菜も
ぜんぶまずくなり、
見るのもキツい
オエ
マシだったのは
スナック菓子と
コンビニの
冷たいおにぎり。
ポリポリ
もう、
そればかりの
毎日。
夫は、
洗濯も皿洗いも
掃除も
犬の散歩も
ぜんぶ
やって
くれましたが
ずっと
私の係だった
料理だけは、
いきなり
できる
もんでも
ありません。

夫はとにかく私が食べられそうな物を買ってきて、
ムリだったら残しても大丈夫
コンビニ
コンビニ
僕が食べるから〜
と言うので、
朝は、残ったコンビニのごはん。
夜は、ピザやおそうざい。
そして昼は、職場でコンビニのパン。
僕はぜんぜん平気
とは言うけれど

家事を
ひとりでやって
朝晩の
犬の散歩にも
行って
店（眼鏡屋を
自営）も
忙しくて
その上
この食生活じゃ
45歳の体には
ちょっと
キツい
はずです。
コンビニ
美味しい
けどね
しゃけ
あ
頑張って
ほぼはじめての
自炊にも
チャレンジ
していて
わかる…
最初は怖くて
常に弱火だよね
彼のためにも
料理は
できるように
なったほうがいいと
むーーん
私も
思ってはいますが

仕事から帰ったあと料理をするのがどれだけ疲れるか私にもよーくわかるわけで
せめてフツーに定食屋さんがやってれば…救世主なのに…
と何度も思いました。
私は私で、ついに菓子もコンビニ飯もうけつけなくなってしまい
オエー
TOILET
ただトイレとソファを行ったり来たりしているだけの毎日。

ついに
しんどいよー
なんにも楽しみがないよー
と泣き出してしまい
妊娠してから
今日まで
まだいちども
「嬉しい」と
言っていません。
つわりがつらい
せいに
しているけれど
ほんとは
まだ
「ほしい」と
思えてない。
不妊治療を
やめたのは
もう5年前。
このまま
ふたりで
暮らせれば
それでいいじゃん、
って
気持ちが生まれて

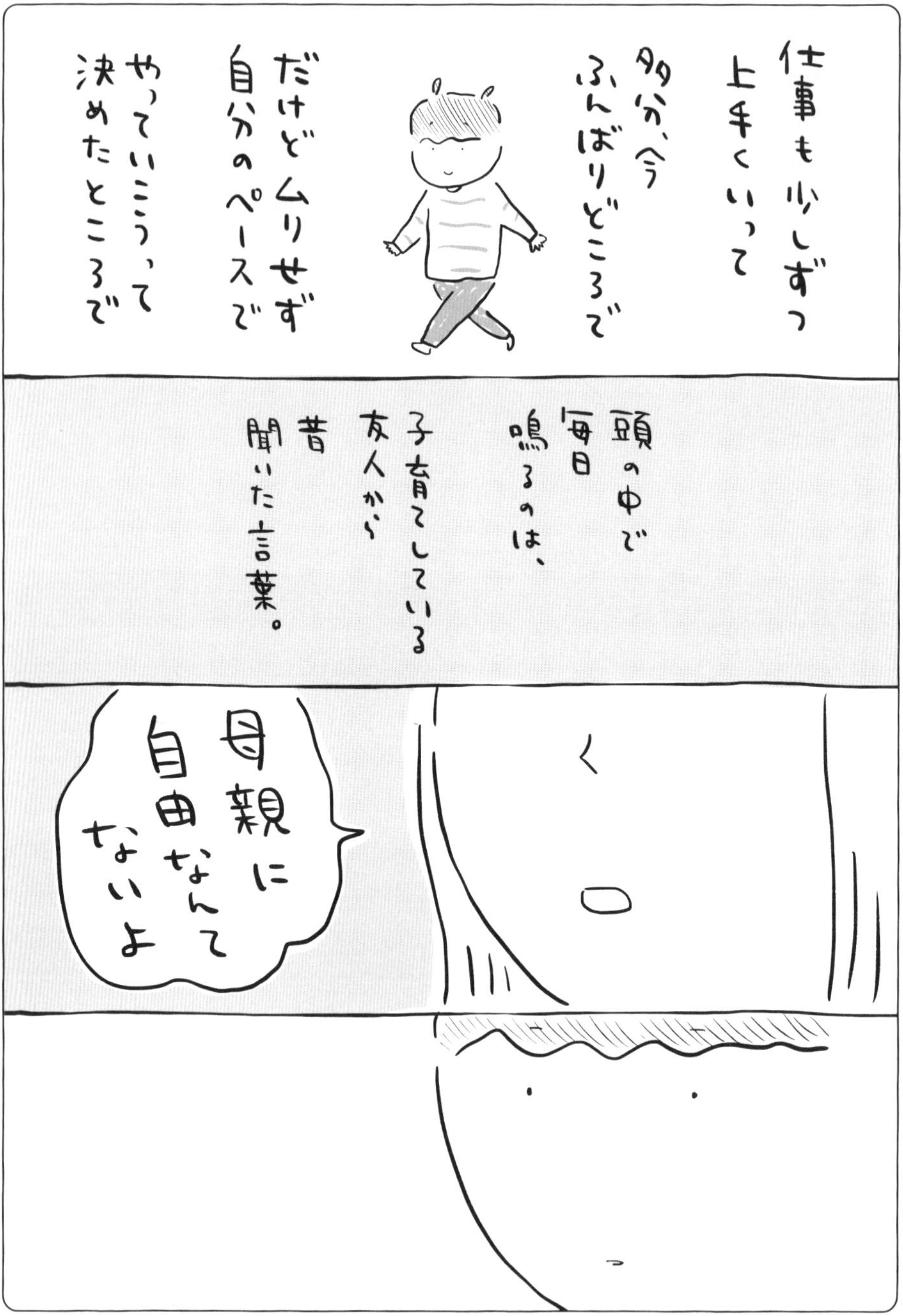
仕事も少しずつ上手くいって多分、今ふんばりどころでだけどムリせず自分のペースでやっていこう、って決めたところで
頭の中で毎日鳴るのは、子育てしている友人から昔聞いた言葉。
母親に自由なんてないよ

それでも
15週目に入って
やっと少し、
味覚が
戻ってきました。
お
そこで
自分のごはんを
作るついでに
夫にも
弁当を、
と
思ったのです。
マタニティ
グッズ以外の
久々の
お買い物は
曲げわっぱと
呼ばれる
丸い木の
お弁当箱。
家に
届いた時、
私は
すごくすごく
久しぶりに
AMOZUN

わくっ
としました。
翌朝、それにおかずをつめている時も
わくわくっ
としました。
私……
久しぶりになにかやってる……
曲げわっぱのお弁当箱はただの目玉焼きさえ
ごちそうに見せてくれて

夫は
あー美味しそう
ありがとう
と持っていき
帰ると
きれいに空っぽで
お弁当っていいね冷めてても美味しくて
今まで食べた目玉焼きの中でいちばん美味しかった
自分はまだ調子悪くても
お弁当を食べる夫を想像すると
「ごはん」の楽しみを思い出す。

家族が
美味しい
ごはんを
食べている。
その嬉しさを
思い出す。
・・・・
ああ、
その"美味しい"が
もうひとつ
増えるんですね。
私の人生に。

おそらくはじめて
まともに包丁を使った
であろう夫が
ポツリと言った。

慣れないことってこんなに難しいんだ……
早く知ってればもっとひとに優しくできたなぁ…

「楽しみじゃない」って言ってみた

2021年5月の初め。
「産まれるのが楽しみじゃない」
と
はじめて ひとに言ってみた日の話です。
妊娠7ヵ月目。
あと3ヵ月でひとりの時間が楽しめなくなる…
と思うとじっとステイホームなどしていられず
散歩がてらカフェでいちにち1回許しているコーヒーを注文し
この時間をひとかぎもムダにせぬと
思いっきり香りを吸いこんでいました。

はじめて入った
その店の
コーヒーは
すっごく
美味しくて
いい店
見つけた〜
って
嬉しくなった
けれど
みんな
ひとり客…
静かに
本読んだり
してる…
子連れで
来たら
大迷惑
だろうな
じわ
つい最近も
友人に
今のうちに
ゆっくり
しときな
産んだら
分刻みの
生活だよ
と言われた
ばかりです。

もう私に
こういう〝やっくり〟はなくなるのかあ…
と、そこに犬の散歩でよく会うご近所さんがきました。
あ、
サッ
こんにちは
あら
お久しぶり最近見かけないわね
あ私妊娠して
くいっ
犬の散歩は夫にまかせてるんです

ああ
こういう時
楽しげに
腹をつき出す
ポーズが
身についたなぁ
ぜんぜん
楽しんで
ないのに
えっ
あら
あらあら
おめでとう
ありがとう
ございます
あ、くる
くるぞ
この流れ
あの
言葉が
楽しみねぇ
産まれるの

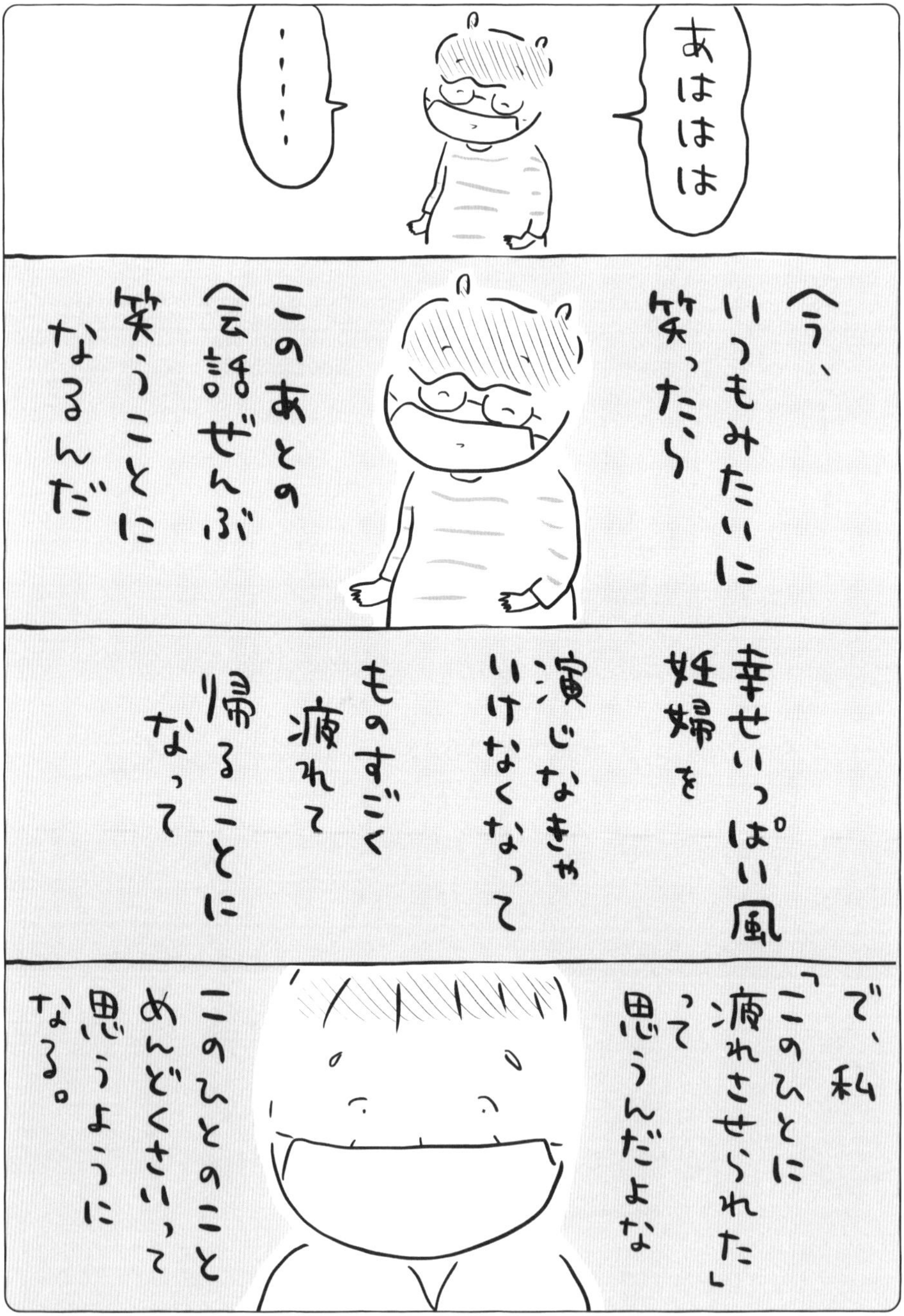
あははは
……
今、いつもみたいに笑ったら
このあとの会話ぜんぶ笑うことになるんだ
幸せいっぱい風妊婦を
演じなきゃいけなくなって
ものすごく疲れて
帰ることになって
で、私
「このひとに疲れさせられた」って
思うんだよな
このひとのこと
めんどくさいって
思うようになる。

誰も私に笑ってるなんて
言ったことないのに。
プツーーン
私
産まれるの
まだあんまり楽しみじゃないです
えっ
あ〜どうして

どうして？ えーーっと
子どももいる友達みんな大変そうだから… あと
こういうゆっくりした時間とか…なくなっちゃうのかーって考えると…
まだ産まれてほしいと思えないです
子育てって
話しかけることよ
え

しばらくはつきっきりだし体力もとられるけど
頭でね
深く考えることはないのよ
たまには泣きっぱなしにさせときなさい
ミルクも離乳食も人工栄養どんどん使っちゃいなさい
あなたはね
話しかけていればいいの
それからそのひとは店員さんに
私のチーズケーキ半分に切っていただける?
と言って

これ食べてみて美味しいから
私ダイエット中なのよ
と
私にケーキを分けて、食べたら先に帰っていきました。
話しかけてればいい
話しかけてればいい

話しかけてればいい
私は今まで
“たぶん否定される”
って
ひとを疑って
めんどくさがって
嘘をついて
疲れてたけど
ひとたび
ひとを信じてみれば
こんなに
楽に
なれるのか

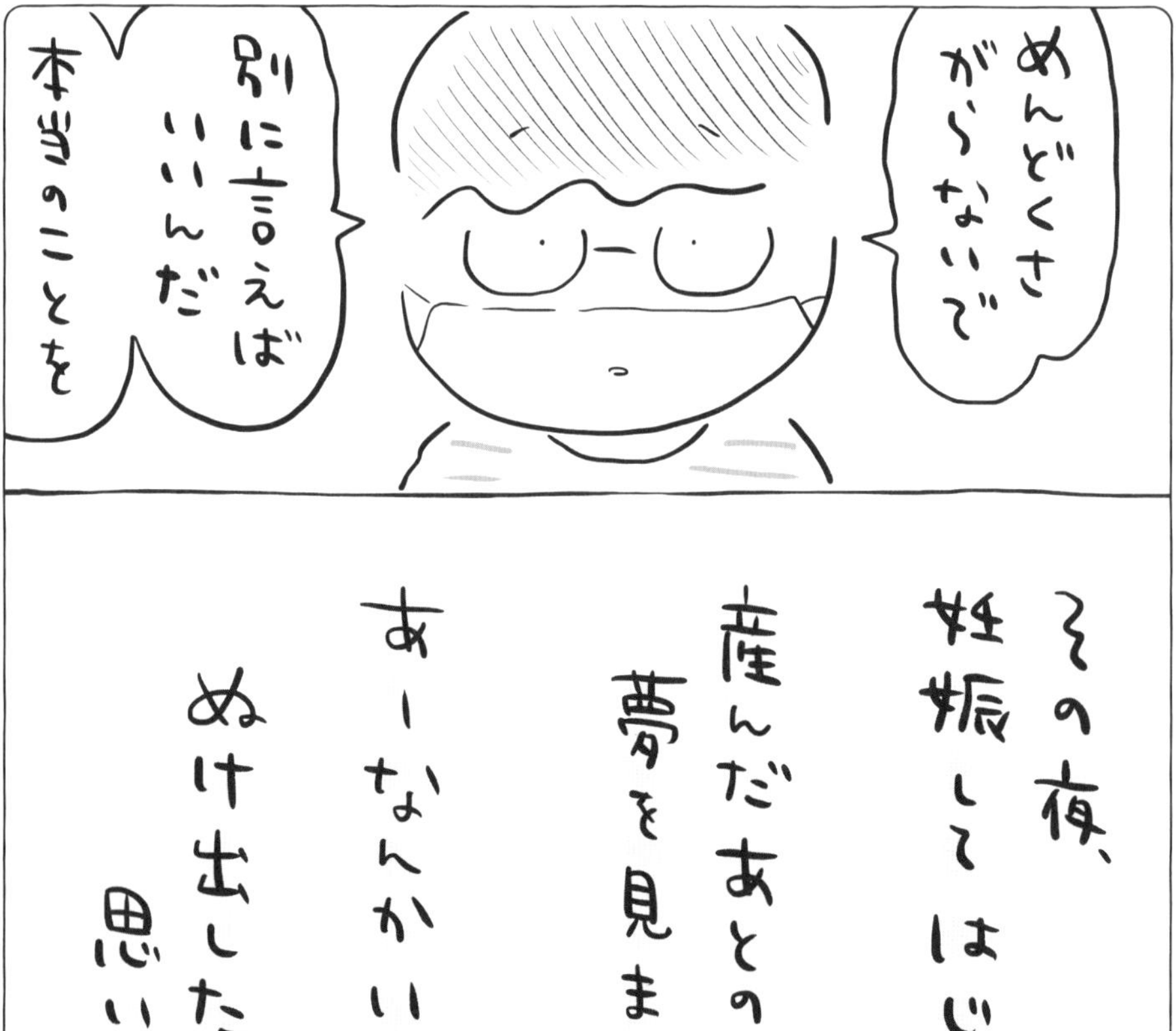
めんどくさがらないで
別に言えばいいんだ
本当のことを
その夜、
妊娠してはじめて
産んだあとの
夢を見ました。
あーなんかいっこ
ぬけ出したなと
思いました。

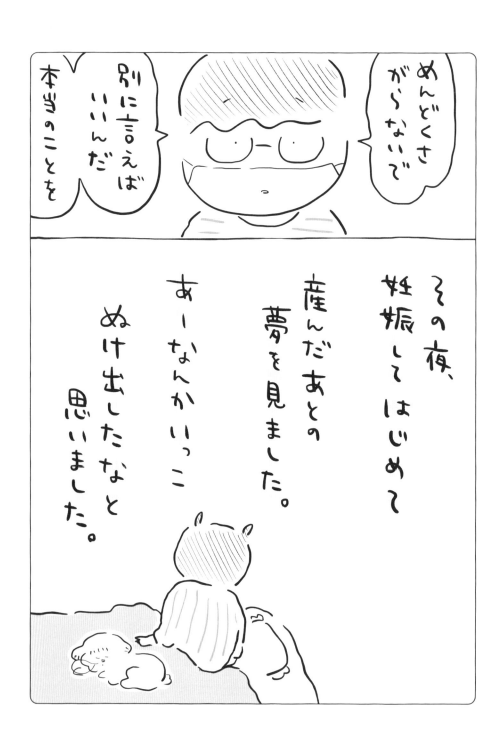

ツラかったつわりが明けて最初に行ったのは近所のグルメハンバーガー屋さん。

美味しく食べられることに
うっうっ
泣いた。そして2日連続で来店……

08

早く会いたいな

「産まれたら
自由がなくなる…」
と、
焦っておびえて
ひとりカフェを
連日のように
していた
私ですが
「産むのが
楽しみじゃない」と
ひとに言えた
その日から
灰色の雲に
囲まれてる
みたいだった
気持ちに、
スルッと光が
差すように
なりまして
公園で
ベビーカーを
おす
夫婦を
見かけた時

はじめて、
本当に
これが
はじめて、
私も
会いたいな
と
思いました。
2021年5月の真ん中。
妊娠7カ月目が
終わろうと
していた
日でした。
私の
あの
焦ったような
カフェ通いは
ぴたりと
おさまり

毎日、家で
趣味のパンを
焼いたり
しています。
小麦粉を
量る時、
KYORIKIKO
100g
生地を
丸めてる時、
焼き
上がった
パンが
ちょっと
硬かった時、
思うのは
未来の
ことです。

美味しいパンを焼けるようになって
この子に食べさせたい。
〝うちではお母さんがパンを焼くんだ〟と
この子の自慢になるように。
食べることが
好きな子になったら
悲しいことがあった日、
焼きたてパンを出してあげたい。

そして
みんなで食べたい。
この子にしてあげたいこと、
この子といっしょにしたいこと、
考えるのが今まで怖かったのは
そういうのって自分勝手だと思ってたからです。
私のしたことが裏目に出たらどうしようって
そればっかり考えて。

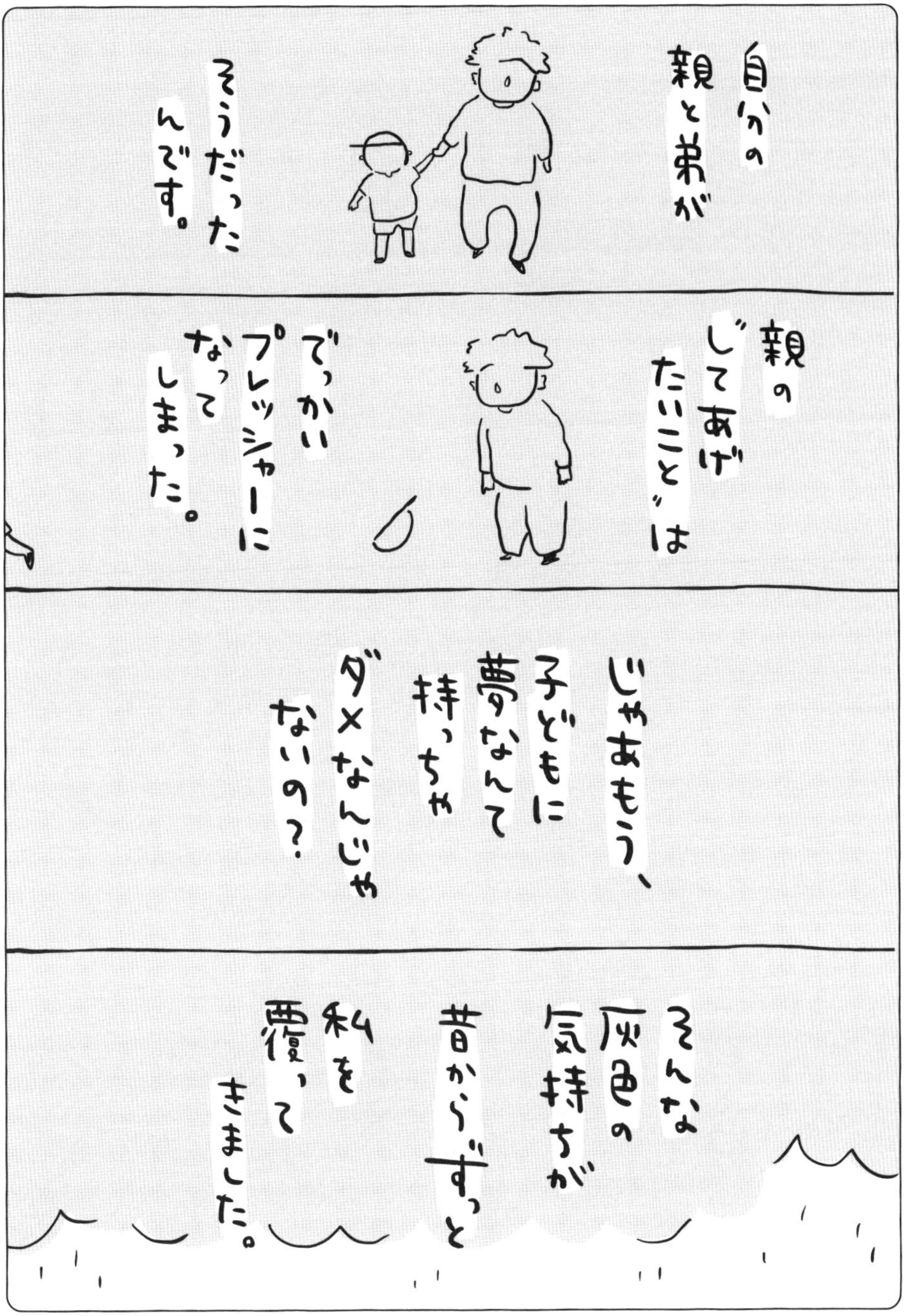
自分の
親と弟が
そうだった
んです。
親の
「してあげ
たいこと」は
でっかい
プレッシャーに
なって
しまった。
じゃあもう、
子どもに
夢なんて
持っちゃ
ダメなんじゃ
ないの？
そんな
灰色の
気持ちが
昔からずっと
私を
覆って
きました。

でも
いいよね美味しいパンを焼いてあげるくら〜い
それをいっしょに食べたいって思うくらいいいよね
そのためにこうやってパン焼く練習したっていいよね

この子が
パンを
食べられる
歳になる
頃には、
もうみんな
マスク
してないって
信じてる。
家に友達を
呼んでよくて、
同じ料理を
囲んでもいいって。
そしたら
にぎやかに
ハンバーガー
パーティーを
しよう。
もちろん
バンズは
小麦粉から
作って、
好きな具を
はさんで、

ぜったい楽しいよ
だから
早く出てきな
いちばんの焼きたてを食べさせてあげる。

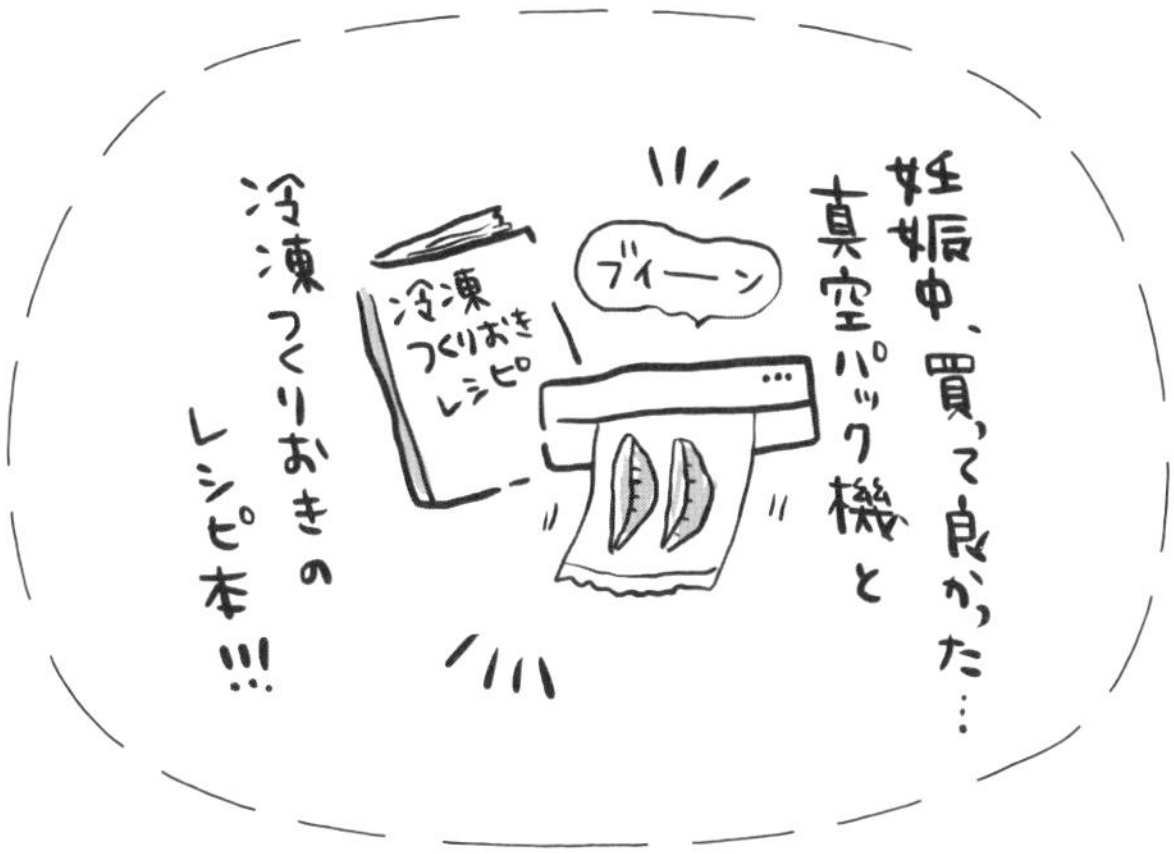
妊娠中、買って良かった…
真空パック機と
ブィーーン
冷凍つくりおきレシピ
冷凍つくりおきの
レシピ本!!!

産む前に
たくさん冷凍して、
産後の私と
夫に栄養と
時間をプレゼント。

もしもコロナじゃなかったら

2021年7月。
東京はこれで4度目の緊急事態宣言が決まりました。
私はなんかもう聞き慣れちゃって、
ぜんぜんヒヤヒヤできません。
どうやらこのまま、宣言中に出産日をむかえることになりそう。
面会の条件せばまるかもね〜
ちょっと前に病院でうけた説明では、
分娩時の立ち会いは中止しています
出産直後の30分間パートナー様のみ面会可能です
だったけど、
こりゃあ退院まで面会不可もありえる
‥

もし
コロナ禍じゃ
なかったら、
夫は多分
立ち会いにも
来て
産まれてすぐの
自分の子を
抱いて
私となにか
会話して
入院中も
仕事の前に
顔を出して
看護師
さんに
「お父さん
頑張って」
なんて
声をかけられて
子どもと
パジャマ姿の
私の写真を
店でみんなに
見せたり
したんだろう。

さすがに いちまい写真 とるくらいは 面会 できるかな… でもそれで 終わる だろうな 面会時間…
ムカッ
あ なんか今 はじめて コロナに ムカッと した
両親学級が ないのも、 妊婦健診 付きそい 禁止で 夫とエコーが 見られないのも、 ぜんぜん 平気だと 思ってたけど
一生のうちの たったいちど 産まれたての 子どもとの 時間まで 減らされると 思うと…
ムカムカ ムカムカ

ぜーんぶふたりで
持てたはずの思い出。
けど、ふと、
なんで妊娠したの今だったんだろう
って思う。
そんなのは偶然だろうけど
それにしたって
結婚前もひっくるめれば
ふたり暮らしも15年目。
マンガや店が忙しくて──
ろくにいっしょに食事もとれず
バタバタしてた
日々が

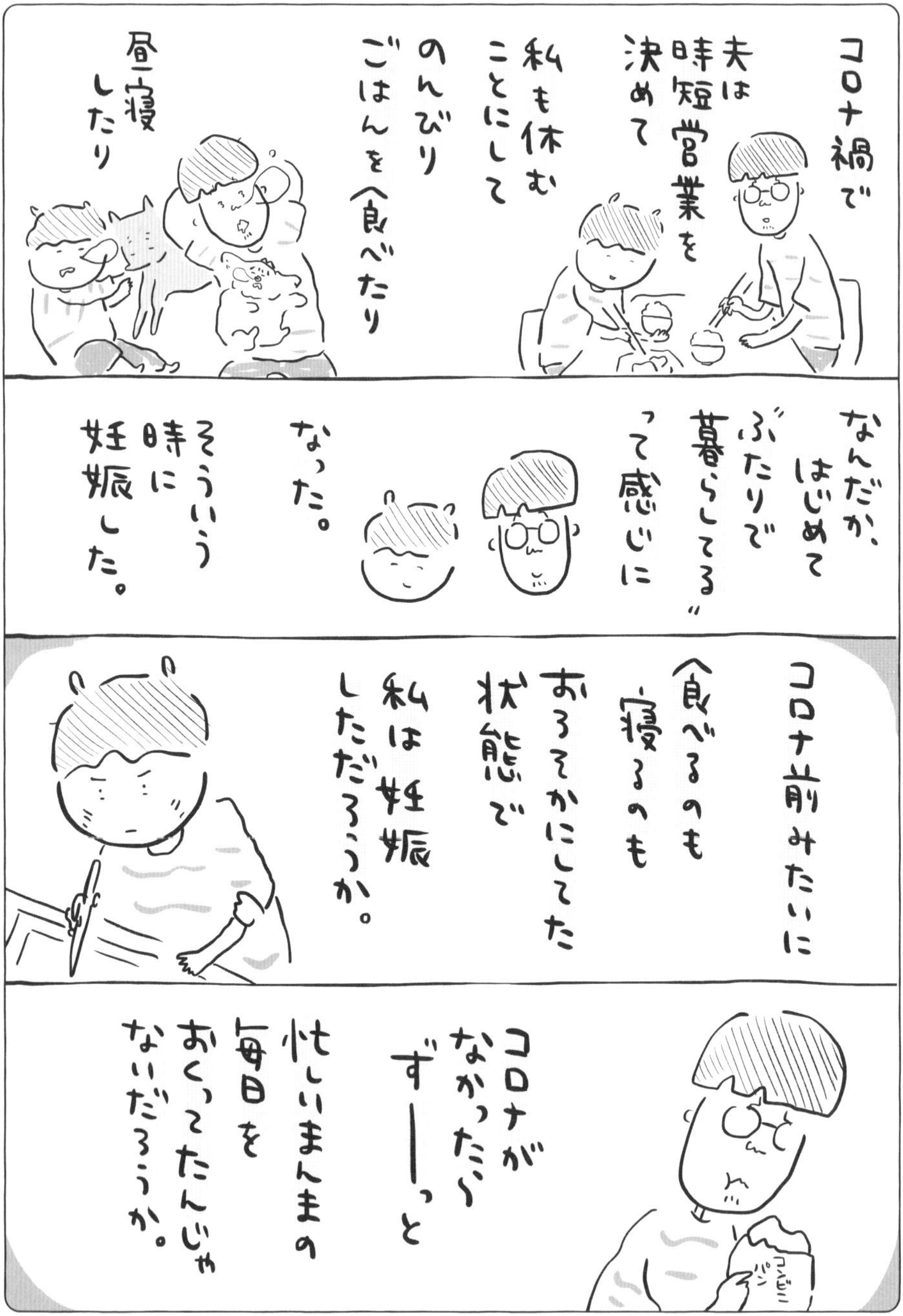
コロナ禍で
夫は時短営業を決めて
私も休むことにして
のんびりごはんを食べたり
昼寝したり
なんだか、はじめて
〝ふたりで暮らしてる〟って感じに
なった。
そういう時に妊娠した。
コロナ前みたいに
食べるのも寝るのもおろそかにしてた状態で
私は妊娠しただろうか。
コロナがなかったら〜ずーーっと
忙しいまんまの毎日をおくってたんじゃないだろうか。
コンビニ
パン

だからってコロナなんかないほうがいいに決まってるけど
だけどコロナでいったん止まった世界が
きみをつれてきた気もするよ
そうするとムカムカはしても
なんか
なーんか

感謝しちゃいそうになるんだよな
コロナに
そんなこと言っちゃダメ。
世界じゅうで亡くなってるひとがたくさんいるのに。
仕事を失ったひとがたくさんいるのに。
私が子どもを産む日、
大切なお店をたたむひとも必ずいるのに。

いっ
!!
ドゴッ
いでで
うおーけってくるー
ドゴ
ドゴ
いででで
わん
たのしそうだね
わはははは
"コロナ禍の妊婦は孤独だ"って聞いてたけど
その意味がわかった気がする。

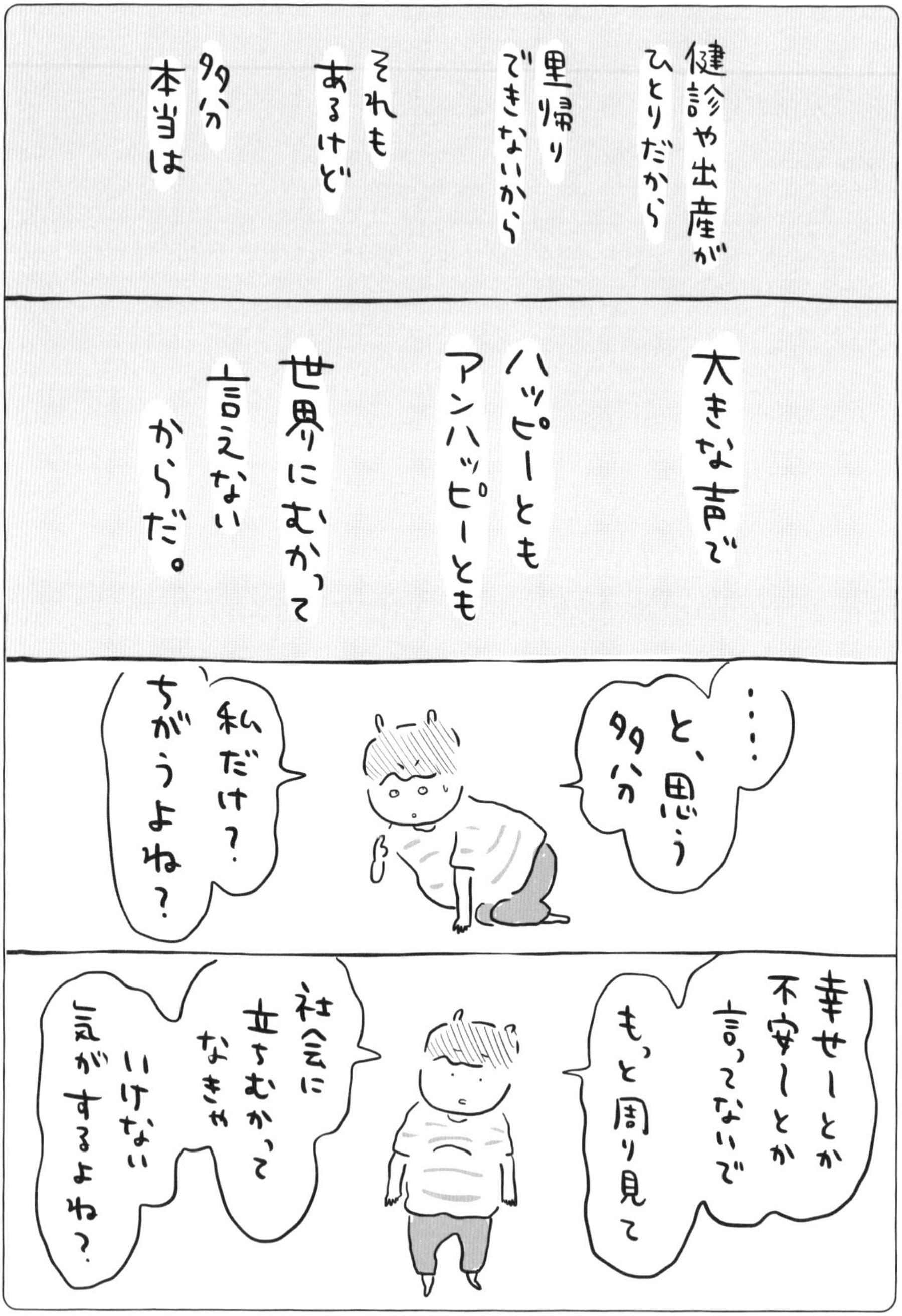
健診や出産がひとりだから
里帰りできないから
それもあるけど
多分本当は
大きな声で
ハッピーともアンハッピーとも
世界にむかって言えないからだ。
・・・と、思う多分
私だけ？ちがうよね？
幸せーとか不安ーとか言ってないでもっと周り見て
社会に立ちむかってなきゃいけない気がするよね？

でも
すっごい
すっごい
すっごい
本音を
言えば
コロナが きてくれて
ちょっと良かったなと
思っちゃってるよ
あー
ごめんなさい
出産まで、あとひと月。

みんな待ってるよ

コロナ禍で
感じることが
あるとはいえ
私が笑って
妊婦生活を
過ごせたのは
ひとが優しかった
からです。
もうすぐ
産まれるから、
産前最後の
日記は
"ありがとう"で
終わりたいと
思います。
月 日
つわりで
冷たいものしか
食べられない
って
聞いたから
と、
アイスを
たくさん
届けてくれた
あのひと。
コンビニ
"消毒しながら
作りました"って
手紙をそえて
手作りの
牛乳寒天を
夫の店まで
持ってきてくれた
あのひと。

渋谷まで行って
好物の
バゲットサンドを
買ってきて
くれたり
コロナ怖いから
人混みに
行かないで
と
心配してくれた
あのひと。
つわりは
ママになる
準備なんて
言うけど
冗談じゃない
ツラいもんは
ツラいわよね
って、
パンと
チョコレートを
くれた
あのひと。
choco
犬の散歩帰りに
玄関先まで
いつも寄って
動けない
私にも
散歩気分を
わけてくれた
あのひと。
"あそこに行こう！
ここに行こう！"
"きなこさんちが
産まれたら
そこにも行こう！"
と、
赤ちゃんをつれて
お茶できる
カフェに
さそってくれる
あのひと。

自由がない、ツラい
って情報が
きなこさんを
不安にするのは
いやです。
子育ては
楽しいです。
大丈夫です。
って
手紙をくれた、
3人お子さんが
いるあのひと。
七夕の
短冊に
元気な子が
産まれますように
って
書いてくれた
あのひと。
産後？
手伝いに行くで
あたり前やん
って
言ってくれる
あのひと。
去年産まれた
赤ちゃんとの
暮らしを
身近で見せて
くれたあの夫婦。
“ああ子育ては
いいものなんだ”
って
いつも安心した。
お店のお客さん
たちがくれた
たくさんの
お下がり、絵本。
お母さんが
送ってくれた
私の腹巻き。

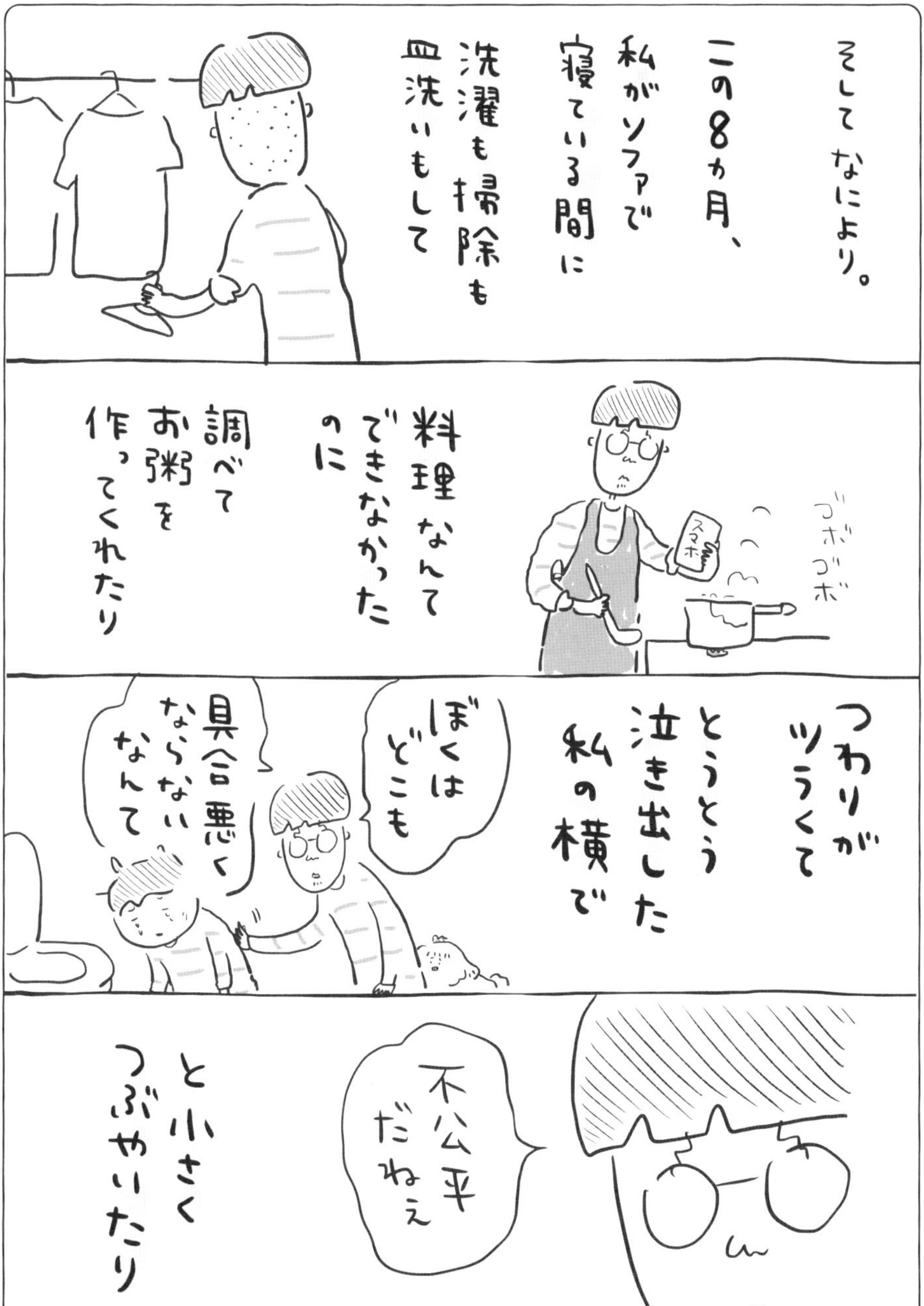
そしてなにより。
この8カ月、
私がソファで
寝ている間に
洗濯も掃除も
皿洗いもして
料理なんて
できなかったのに
調べて
お粥を
作ってくれたり
スマホ
ゴポゴポ
つわりがツラくて
とうとう
泣き出した
私の横で
ぼくはどこも
具合悪く
ならない
なんて
不公平だねぇ
と小さく
つぶやいたり

夫のそういう
ひとつひとつ
のことが、
私をここまで
運んだんだと
思います。
コロナ？、大丈夫
きなこちゃんはかからない
キッパリ
これだってなんの根拠もないんだけど、
そうか…私はコロナに
すぅ…
かからないのか…
今以上不安になったって
私たちは手を洗ってマスクをするしかないし
だったら嘘でも

大丈夫大丈夫って
すぅ
力をぬき合って生きてたっていい。
ひとりだったら今日もまだ
産みたくないって泣いてた。
クリスマスの夜、妊娠を喜べなかったのは
コロナといっしょにやってきたふたりの家時間が幸せだったからです。
出産に合わせて、
夫は下北沢のお店を改装して
ひと月休業することに決めました。
MATOI OPTICAL

10年前、ふたりで始めた店。
今では店員さんもいて私がいなくても大丈夫になって
改装後にはあの頃の面影はなくなるんだと思います。
それがすごく淋しいけど
つれて行くね
産まれたら
たくさん
クリスマスにはケーキを持って
ハロウィンには仮装して
七五三には着物を着て
あの店に行こう

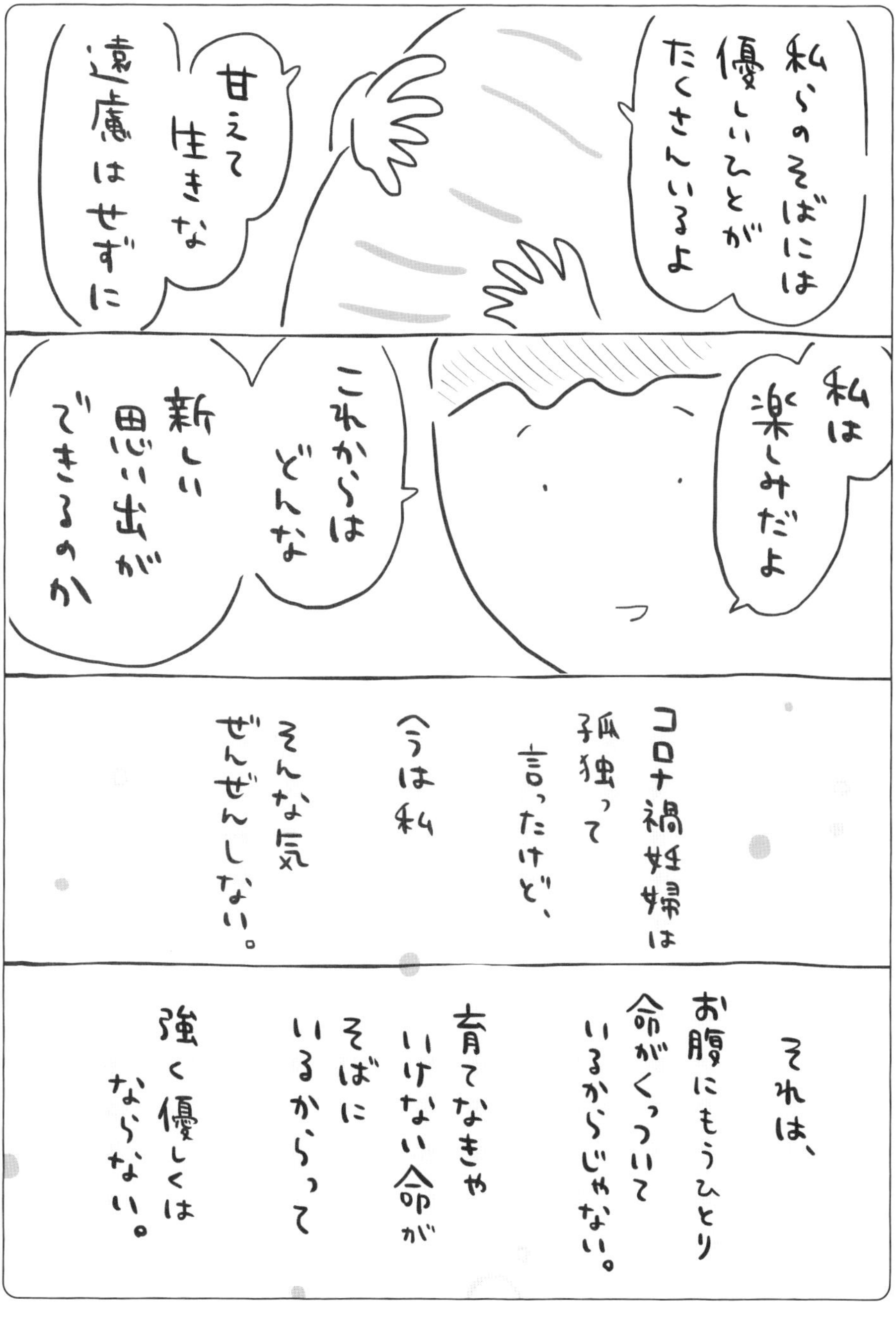
私らのそばには優しいひとがたくさんいるよ
甘えて生きな
遠慮はせずに
私は楽しみだよ
これからはどんな
新しい思い出ができるのか
コロナ禍妊婦は孤独って言ったけど、
今は私
そんな気ぜんぜんしない。
それは、
お腹にもうひとり命がくっついているからじゃない。
育てなきゃいけない命がそばにいるからって
強く優しくはならない。

心が優しくなれたのは、
お腹に命をくっつけた私を
助けてくれるひとたちがいたからだ。
だってひとりで産むって気が
ぜんぜんしないんだから。
こんなにディスタンスディスタンス
言われ続けてる世の中でも
集まってごはんが食べられなくても
お酒が呑めなくても
遊びに行けなくても
みーんな
近くにいる気がする

君が産まれてくるのはね
そういうところだよ
ありがとうってね
言いたくなるようなところだよ

2021.8
リンダ（通称）誕生!!

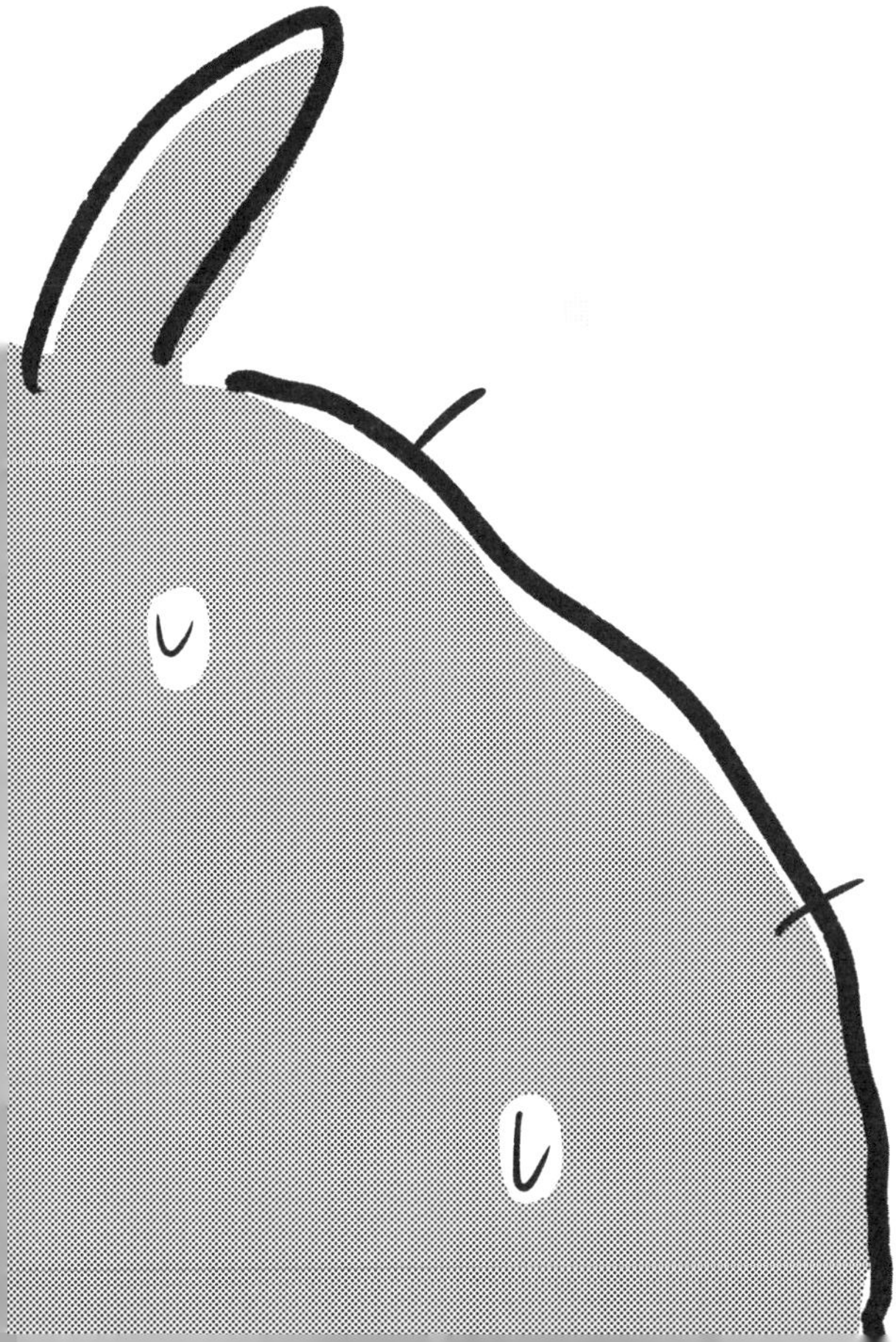

コロナ禍の産後生活

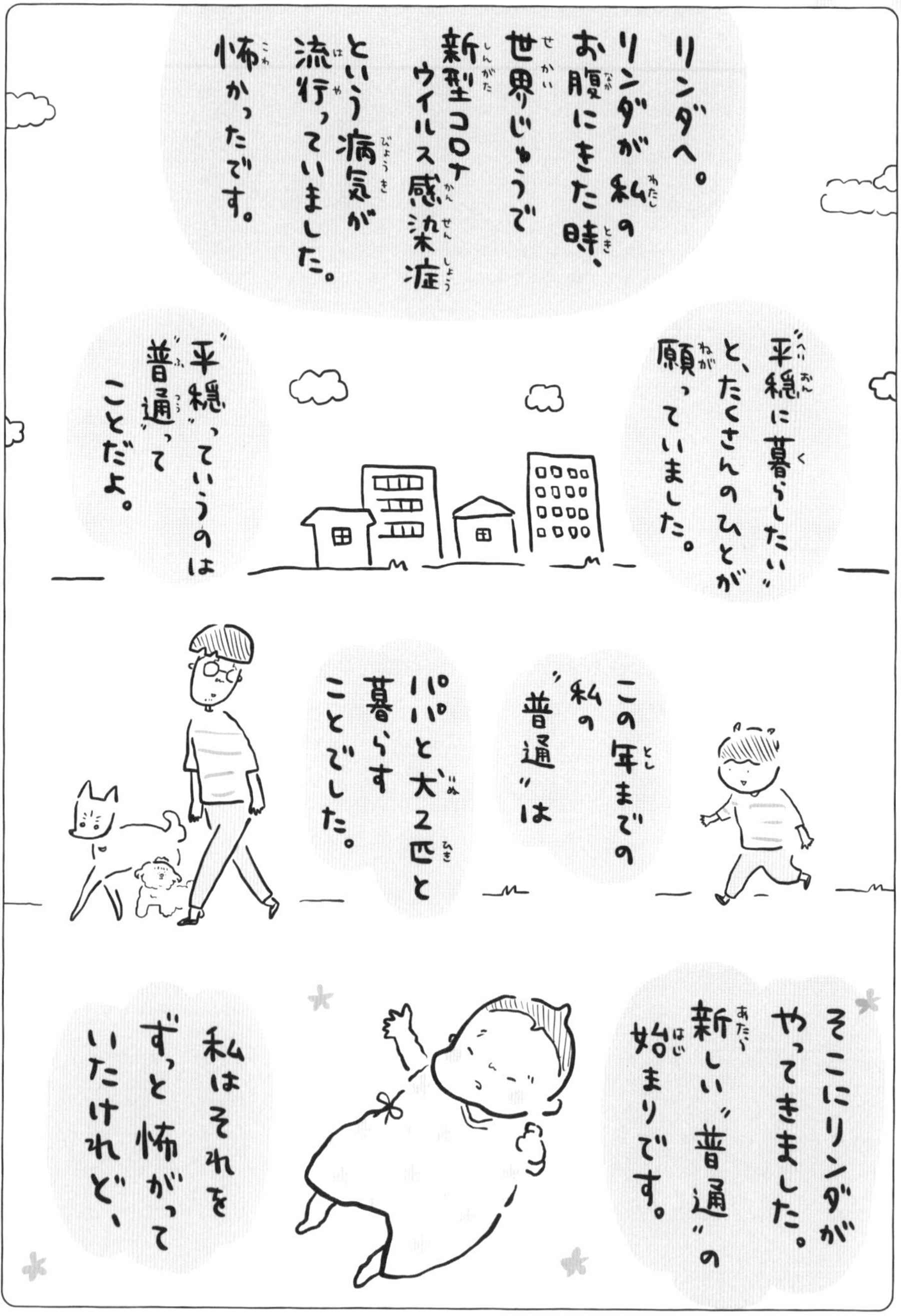
リンダへ。リンダが私《わたし》のお腹《なか》にきた時《とき》、世界《せかい》じゅうで新型《しんがた》コロナウイルス感染症《かんせんしょう》という病気《びょうき》が流行《はや》っていました。怖《こわ》かったです。

"平穏《へいおん》に暮《く》らしたい"と、たくさんのひとが願《ねが》っていました。

"平穏"っていうのは"普通《ふつう》"ってことだよ。

この年《とし》までの私の"普通"は
パパと犬《いぬ》2匹《ひき》と暮らすことでした。

そこにリンダがやってきました。新《あたら》しい"普通"の始《はじ》まりです。

私はそれをずっと怖がっていたけれど、

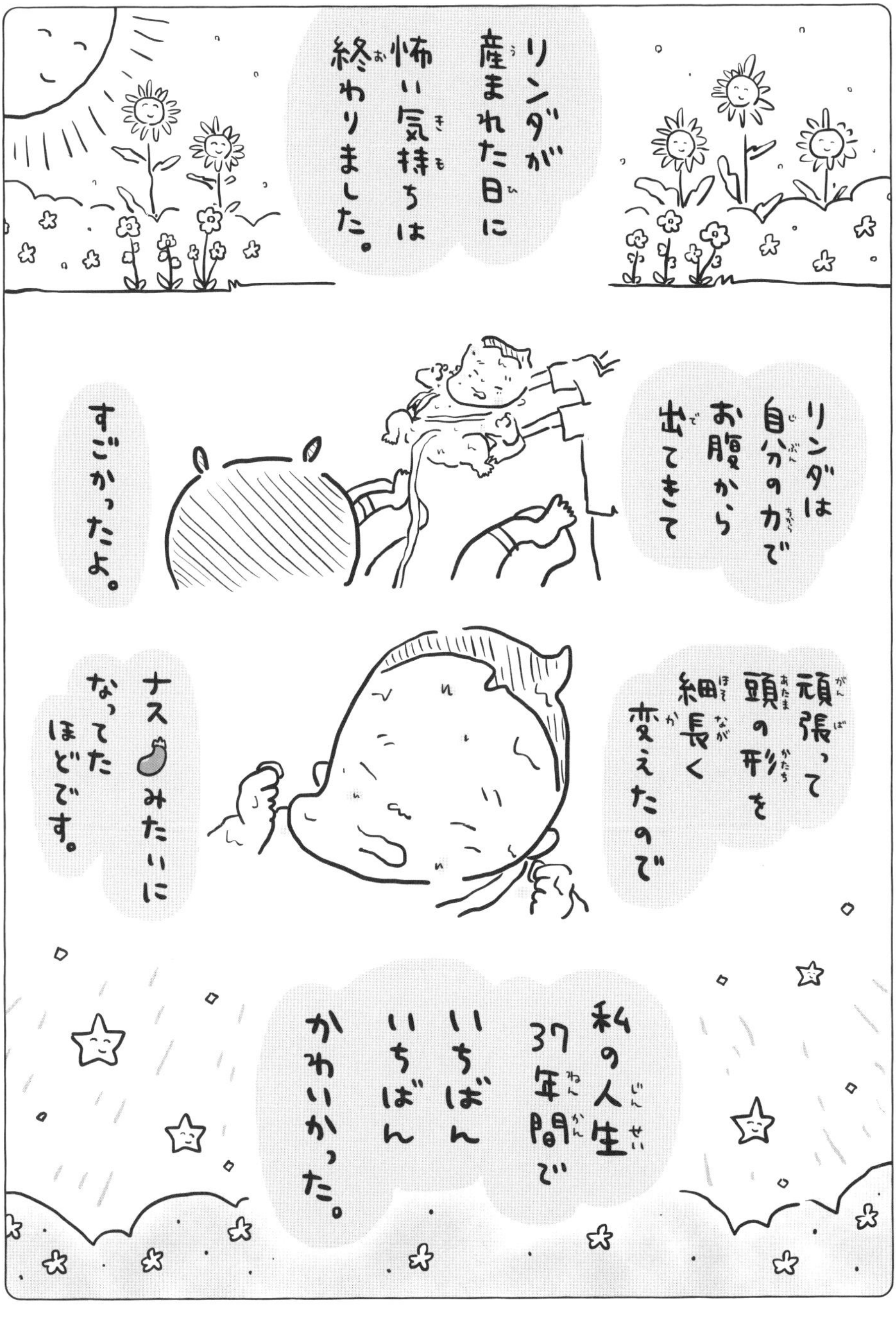
リンダが産《う》まれた日《ひ》に
怖い気《き》持《も》ちは終《お》わりました。
リンダは自分《じぶん》の力《ちから》でお腹から出《で》てきて
すごかったよ。
頑張《がんば》って頭《あたま》の形《かたち》を細長《ほそなが》く変《か》えたので
ナスみたいになってたほどです。
私の人生《じんせい》37年間《ねんかん》でいちばんいちばんかわいかった。

会《あ》えたのが嬉《うれ》しくて
私は泣《な》きました。
となりにいたパパも
すぐにあなたのそばに行《い》って
かわいいね かわいいね きみは
ようこそ ようこそ
と、夢中《むちゅう》で話《はな》しかけて
私からあなたがぜんぜん見《み》えなくなっちゃったくらい。
とても嬉しそうでした。

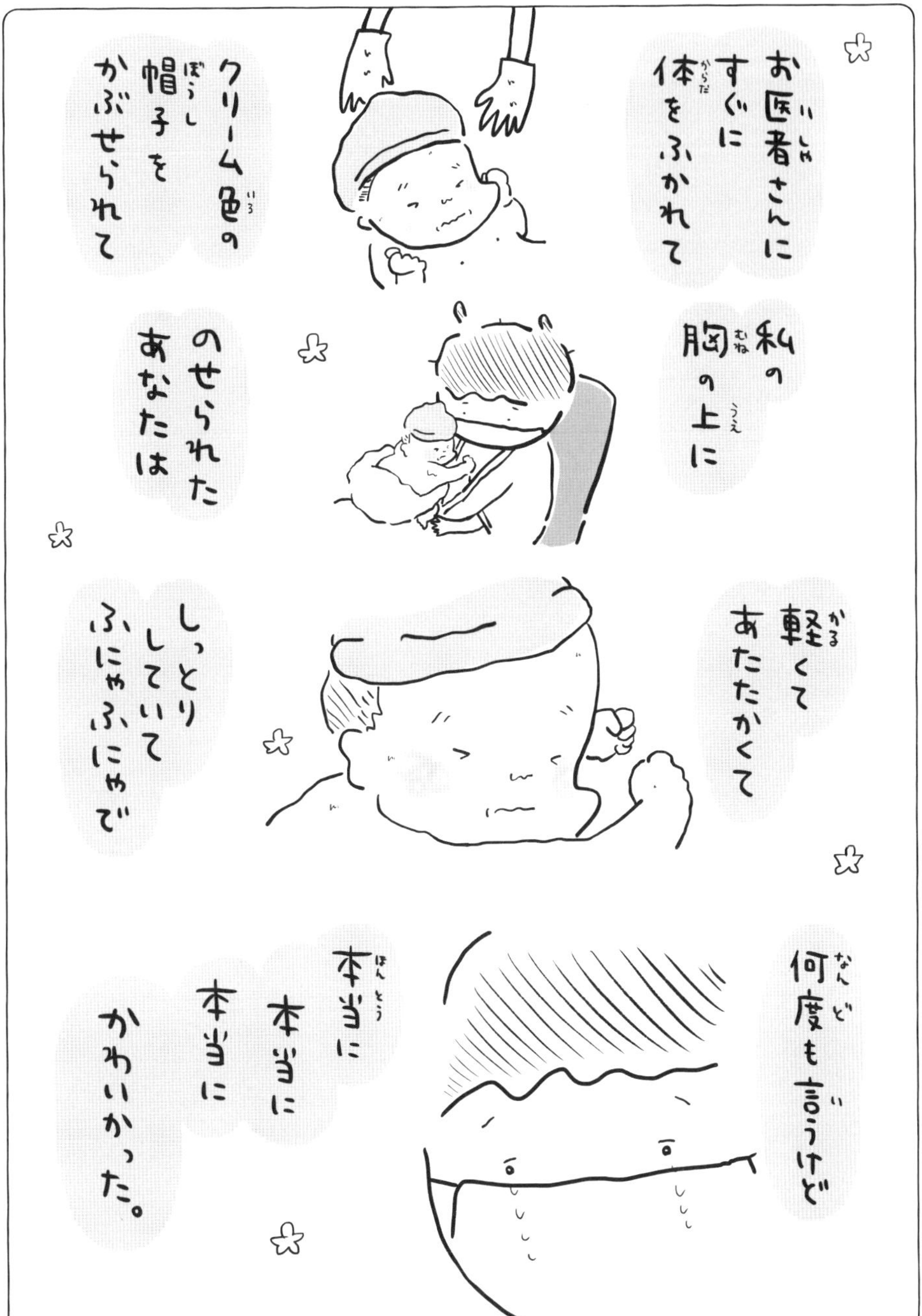
お医者《いしゃ》さんに
すぐに
体《からだ》をふかれて
クリーム色《いろ》の
帽子《ぼうし》を
かぶせられて
私の
胸《むね》の上《うえ》に
のせられた
あなたは
軽《かる》くて
あたたかくて
しっとり
していて
ふにゃふにゃで
何度《なんど》も言《い》うけど
本当《ほんとう》に
本当に
かわいかった。

そして、
こう
思《おも》いました。
私
なにをあんなに
怖がって
不安《ふあん》に
なってたん
だろう
こんなに
かわいい子が
ずーっと
お腹に
いてくれたのに
もし、
あなたを産むのを
怖がっていた
TOILET
あの時の自分と
話《はなし》ができるなら

あなたを抱《だ》いて見せてあげたい。
TOILET
怖いわけないじゃない
この子が待《ま》ってる私の未来《みらい》が
暗《くら》いわけないじゃない
大丈夫《だいじょうぶ》
8カ月後《げつご》
今《いま》よりもっと幸《しあわ》せになれるよ
お腹《なか》の中でずっと頑張ってるから
信《しん》じてあげて

あなたが
産まれた今も
この病気は
流行っている
まんまで
みんな
マスクを
していて
お顔《かお》が
見えないけど
本当は みんな
いつも
もっと自由《じゆう》に
思いっきり
笑《わら》ってるんだよ。

あなたが産まれた8月には
夏《なつ》祭《まつ》りも花火《はなび》大会《たいかい》も本当はあって
ひとがいっぱい集《あつ》まってにぎやかで
とても楽《たの》しいんだ。
もう少《すこ》し大《おお》きくなったら
ぜったいにぜったいに行こうね。

あなたのことが
命《いのち》まるごと
好《す》きです。
私の毎日《まいにち》には
もう
喜《よろこ》びと
楽しみしか
ありません。
2021年
8月23日

LINDA'S
BIRTH REPORT

1
お腹の中にいた時から、彼女のことを
リンダ
と呼んでいました。
2
34週目あたりで感染者がドカンと増えはじめ、
デルタ株怖い…
産まれるまで家にじっととじこもり…
3
なんと、予定日と夫のワクチン接種日が重なってしまい
立ち会い(可能だった)とどちらをとるか悩んだけど
運良く別日に打ててホッ…
4
完全計画無痛分娩。
ほぼ眠っているような心地よさの中、リンダは産まれました。
(イキむまではすやすや)
z z
5
5イキみほどでするっと!!!
早ッ!!
6
無麻酔分娩と同じく産後の貧血や翌日からの股の激痛はあるので、産む時より産んだ後のほうがつらかった…

〜あとがき〜

私は、ぜったいにあやまるものかと思っていたんです。
妊娠を喜べなかったこと。100%幸せだと言いきれなかったこと。
それを、世間に対してあやまるものか。
だって私の自由だもん、と。

コロナ禍がそうさせたのもあると思います。

"幸せな状況に感謝しないのは不謹慎"というプレッシャー。
「怖いツラい嬉しくないって言うのが不謹慎なものか」と
半ば意地になって、自分を守っていました。

だけど、陣痛の波が強くなってきて、下腹部が
赤ちゃんにぐいぐいと押されはじめた時。

「ああ、赤ちゃんって頑張って産まれてくるんだ」と気づいたんです。
そして、今までもずっと頑張って成長してきたんだと。
そう思った時、私は陣痛室でひとり、声に出して
「ごめんよ」と言いました。

「もういいよ、大丈夫だから早くおいで。ごめんよ。
もっと早く、会いたいよ待ってるよって言わなくて」
「私はさ、私がいちばん頑張ってるって思ってたんだよ。
きみがいちばん頑張ってたのにさ。
知らなくてごめんよ、優しくしなくてごめんよ」

はじめて後悔して、はたはたと泣きました。
そして、もうなにも惜しくないと思いました。
もうすぐ会える。とっても嬉しい、と。

お腹にリンダがいた時は、自分の心配ばかりしていました。
産んだら自由がなくなるんじゃないか…とか、
疲れて自分を見失うんじゃないか…とか。

いざ新しい生活がはじまると、
今度はこの小さな生き物のことばかり心配しています。
心を暗くするのは、コロナ禍じゃなかったらせずにすんだ心配事です。

SNSで、生後間もない子が感染したというのを見て、
涙がだくだく流れました。悲しすぎる、怖すぎる。
本当なら家族や友人を家に呼んで、リンダを抱いてもらいたいのに。
ウイルスに怯えて、誰にも会えずにいます。

「会いにこないで」「抱かないで」
そんなこと思いたくないのに、思ってしまう。
自分がとても冷たい人間に見えて、しんどいです。

つくづく、イヤんなっちゃう時代だなぁ。
早く終わってくれよ〜。
それでも、彼女はこの時代に産まれてきたんだから、
どうにか守るしかないぜ。
不安だけど、そんなものにつぶされるもんか〜。
この小さくてやわらかい生き物と暮らせる時間はあっという間なんだもん。
毎日話しかけて、ミルクみたいな頭のにおいをかいで。
強くなったような、弱さが増したような、
新しいバランスで生きてます。新しい幸せです。
この先、まだ怖いことだらけだと思いますか？と聞かれたら。
私はこう答えますよ。
なにも怖いこと
ありません。今日も明日も
とっても良い日!!!

おおがききなこ

ブックデザイン　山田知子＋門倉直美（chichols）
初出　noteの投稿に大幅加筆し、書き下ろしを加えました。

コロナ禍妊娠日記

2021年10月30日　第1刷発行

著　者　おおがきなこ
発行人　見城 徹
編集人　菊地朱雅子
編集者　楊木 希

発行所　株式会社 幻冬舎
〒151-0051　東京都渋谷区千駄ヶ谷4-9-7
電話　03（5411）6211（編集）
03（5411）6222（営業）
振替　00120-8-767643

印刷・製本所　錦明印刷株式会社

検印廃止

Printed in Japan
ISBN978-4-344-03857-8　C0095
幻冬舎ホームページアドレス　https://www.gentosha.co.jp/

この本に関するご意見・ご感想をメールでお寄せいただく場合は、
comment@gentosha.co.jpまで。